Libro de Cocina Vegano completo Para deportistas

Este libro incluye: Fisicoculturismo Vegano Libro de cocina y Libro de cocina vegano para deportistas

The Complete Vegan Cookbook For Athletes
(Spanish Edition)

MATT NEUMANN

Fisicoculturismo vegano
Libro de cocina

Lo último en recetas veganas para mejorar tu físico, construir músculos y aumentar el rendimiento deportivo.

Vegan Bodybuilding Cookbook
(Spanish Edition)

Matt Neumann

Tabla de contenidos

INTRODUCCIÓN 9

CONOCE EL FISICOCULTURISMO 11
    QUEMAR GRASA Y DESARROLLAR MÚSCULO 11
        Los quince mejores alimentos para el desarrollo muscular 12
        Mejores alimentos para quemar grasa 14

RECETAS PARA EL DESAYUNO 17
    REVOLTILLO DE ESPINACAS Y TOFU CON CREMA AGRIA 17
    GACHAS DE QUÍNOA Y AMARANTO 20
    BOL DE QUÍNOA Y BANANA CON MANTEQUILLA DE MANÍ 22
    RODAJAS DE BATATA CON FRUTAS 24
    BROWNIES DE AVENA PARA EL DESAYUNO 26
    PANQUEQUES DE BROWNIE 28
    MINI FRITTATAS DE TOFU 30
    QUICHE DE MUFFIN DE GARBANZOS 33
    PANQUEQUE DE QUINUA CON ALBARICOQUE 35
    CUADRADOS DE ALCACHOFA Y ESPINACAS 37
    BLINI DE DESAYUNO CON CAVIAR DE LENTEJAS NEGRAS 39
    CEREAL DE PLÁTANO DE SEMILLA DE CÁÑAMO 42

RECETAS PARA EL ALMUERZO 44
    SOPA VEGANA DE FIDEOS CON "POLLO" 44
    SOPA DE GUISANTES Y MENTA 46
    SOPA MINESTRONE 47
    BOL DE BUDA 49
    BOL DE BUDA DE QUÍNOA Y FRIJOLES NEGROS 51
    BOL DE ENCHILADA 53
    WRAP CRUJIENTE 55
    BURRITOS DE COLIFLOR Y TOFU 57
    GYROS DE GARBANZO ASADOS 59
    WRAP DE HUMMUS DE EDAMAME 60
    HAMBURGUESAS CON ALTO CONTENIDO DE PROTEÍNAS 62

RECETAS PARA LA CENA 64
    HAMBURGUESAS VEGANAS DE PROTEÍNAS 64
    QUÍNOA MEXICANA VEGANA 66
    PASTA FAGIOLI RICA EN PROTEÍNAS 68
    GUISO DE LENTEJAS PICANTE 70

Pasta Alfredo con coliflor y frijoles blancos 72
Ensalada de quínoa 74
Tofu al curry verde 75
Estofado de proteína de maní africano 77
Ensalada de papa y lentejas 80
Ensalada de frijoles negros y maíz con aguacate 82
Ensalada de garbanzos de verano 84
Ensalada de edamame 86
Ensalada de aceitunas e hinojo 88
Sándwich picante de garbanzos 90
Chili de frijoles negros y calabaza 92
Sopa matcha y tofu 94
Sopa de tomate y camote 96
Sándwich de tofu picante al horno 97
Salteado de vegetales 99
Bol proteico de col rizada 101

RECETAS DE ENSALADAS 103

Camote y frijoles negros proteicos 103
Ensalada veraniega 105
Ensalada proteica de almendras tostadas 107
Ensalada proteica y energética de colores 109
Ensalada de cítricos con edamame y jengibre 110
Ensalada taco tempeh 112

POSTRES Y BOCADILLOS 114

Pudín de mango rico 114
Donas ricas en proteínas 116
Helado suave de cacao 118
Bolitas de lentejas 120
Granola hecha en casa 122
Tazas de quínoa con mantequilla de maní 124
Pudín de chía y soja 126
Galletas verdes dulces 128
Mousse de chocolate y naranja 130
Natillas de mango tofu fácil 131
Masa de galleta de garbanzos 132
Barras de banana 133
Postre proteico de anacardo y banana 135
Pastel de taza rápido 137

SALSAS Y ADEREZOS 139

Salsa de calabaza 139
Salsa para pasta 141
Salsa de espinacas 143

- Salsa de frijoles...145
- Salsa de queso vegana..147
- Salsa de guisantes y queso..149

SALSAS Y DIPS 150
- Dip de frijoles negros y lima...150
- Dip mediterráneo de judías blancas con aceitunas 152
- Hummus de remolacha..154
- Dip de cangrejo falso..156
- Dip de pesto de nueces y col rizada 158
- Dip de guisantes y pistachos...160

CONCLUSIÓN 162

© Copyright 2021 por Matt Neumann—Todos los derechos reservados.

El siguiente Libro se reproduce a continuación con el objetivo de proporcionar información lo más precisa y confiable posible. Independientemente, la compra de este Libro puede considerarse como un consentimiento al hecho de que tanto el editor como el autor de este libro no son expertos en los temas que se tratan en el mismo y que cualquier recomendación o sugerencia que se haga en este documento es solo para fines de entretenimiento. Se debe consultar a los profesionales según sea necesario antes de emprender cualquiera de las acciones aquí respaldadas.

Esta declaración se considera justa y válida tanto por la Asociación de Abogados de Estados Unidos como por el Comité de la Asociación de Editores y es legalmente vinculante en todo Estados Unidos.

Además, la transmisión, duplicación o reproducción de cualquiera de los siguientes trabajos, incluida información específica, se considerará un acto ilegal, independientemente de si se realiza de forma electrónica o impresa. Esto se extiende a la creación de una copia secundaria o terciaria del trabajo o una copia grabada y solo se permite con el consentimiento expreso por escrito del Editor. Todos los derechos adicionales reservados.

La información en las páginas siguientes se considera en general un relato veraz y preciso de los hechos y, como tal, cualquier falta de atención, uso o uso indebido de la información en cuestión por parte del lector hará que las acciones resultantes sean únicamente de su competencia. No hay escenarios en los que el editor o el autor original de este trabajo pueda ser considerado responsable de cualquier dificultad o daño que pueda ocurrirles después de realizar la información aquí descrita.

Además, la información de las siguientes páginas está destinada únicamente a fines informativos y, por lo tanto, debe considerarse universal. Como corresponde a su naturaleza, se presenta sin garantía en cuanto a su validez prolongada o calidad provisional. Las marcas comerciales que se mencionan se realizan sin consentimiento por escrito y de ninguna manera pueden considerarse un respaldo del titular de la marca.

Introducción

¡Eres lo que comes!

Cuando consumía muchas proteínas animales para ganar masa muscular, tuve una experiencia terrible con problemas de tiroides y, como saben, un sistema hormonal desequilibrado significa que no importa cuánto entrenes, no verás ningún cambio positivo significativo. La dieta cruda vegana fue un cambio de juego para mí y ahora estoy en mi mejor y más saludable forma.

La nutrición es una parte integral de la construcción de músculo y debes tener mucho cuidado con todo lo que entra en tu cuerpo. La dieta cruda vegana es el santo grial de las dietas cuando se trata de desarrollar músculo. Es muy limpia y está equipada con todos los nutrientes esenciales que van directo a tus músculos además de darte la energía para poder entrenar.

Uno de los errores más costosos que cometen la mayoría de las personas que intentan desarrollar músculo es elegir alimentos incorrectos.

Seguiremos aplicando el principio "basura que entra, basura que sale" en lo que comemos. La comida limpia es imprescindible si quieres ver resultados positivos. Las verduras de hoja de color verde oscuro deben figurar constantemente en tu plan de comidas. Están llenos de proteínas y otros nutrientes esenciales que te ayudarán a desarrollar músculos más grandes y mantenerte saludable al mismo tiempo.

Desarrollar músculo es como hacer cerámica. Primero debes moldear arcilla (cuerpo) en una maceta del tamaño deseado (músculo) después de esto, puedes entrar en los detalles más finos de la decoración de la maceta (definir/cortar tus músculos).

Si eres un principiante, es aconsejable que estés familiarizado con las reglas y los trucos básicos de entrenamiento para conseguir un cuerpo sólido como una roca. Sin embargo, hay un error que la mayoría de los fisicoculturistas cometen desprevenidamente; querer desarrollar músculo y cortar al mismo tiempo. No te mates tratando de hacer esto, con el tiempo llegué a aprender por las malas que esto es imposible. El hecho es que no puedes consumir muy pocas calorías y tratar de desarrollar músculo, porque entonces tus músculos no tendrán suficiente combustible para recuperarse y crecer.

Sin embargo, te diré lo que es posible; perder grasa y desarrollar músculo al mismo tiempo, bueno, probablemente ya lo sabías.

Los entrenamientos y los programas de entrenamiento no son los mismos para todos los individuos o cuerpos. Para encontrar una buena división del entrenamiento (programa qué parte del cuerpo entrenar en qué día) es mirando qué es lo que más necesita aumentar. Configura tus entrenamientos para que se adapten a tu cuerpo y a tus necesidades. Coloca las partes del cuerpo débiles al comienzo de la semana y las demás en la última parte de la semana. Esto asegurará que estés entrenando las partes del cuerpo más necesarias cuando estés más concentrado y fuerte. Ejemplo: si tus hombros necesitan desarrollarse más que tu espalda, coloca el entrenamiento de hombros en la primera parte de la semana y el entrenamiento de espalda en la última parte de la semana.

Hablaremos más sobre esto más adelante. En esta etapa, tu principal preocupación debe ser alimentar tus músculos, estimularlos y fortalecerlos y, finalmente, descansarlos. ¡Esta es la fórmula perfecta para el crecimiento muscular!

Conoce el fisicoculturismo

Las recetas de este libro contienen ingredientes probados para ayudar a desarrollar músculo y quemar grasa y están respaldadas por estudios sobre las proporciones óptimas de macronutrientes y la sincronización de nutrientes, y este primer capítulo explica cómo asegurarse de que este libro funcione para ti y tus metas. Una vez que tengas una idea de los conceptos básicos, puedes calcular tus propias necesidades calóricas. A partir de ahí, es fácil elegir recetas que tengan la cantidad adecuada de proteínas, carbohidratos y calorías de grasas para alcanzar tus objetivos. Prepárate; ¡Estás a punto de cambiar tu vida! Ninguna actividad física puede compensar una mala alimentación. Si comes demasiada proteína o no lo suficiente, o muy pocas calorías, no reducirás la grasa; no ganarás músculo. No hay nada más desalentador que no obtener resultados, razón por la cual la mayoría de la gente se da por vencida.
Pero si cambias inteligentemente tus hábitos alimenticios, puedes hacerlo todo. Tu cuerpo comenzará a responder de la manera que deseas. Esto desarrollará los músculos. Quemará grasa. Se volverá más fuerte, rápido y poderoso. Si deseas que todo esto suceda, debes proporcionar los nutrientes que necesita, porque una rutina de ejercicio constante es tan buena como la dieta que la impulsa. La comida que consumes es más que calorías; proporciona los componentes básicos que tu cuerpo utiliza para producir hormonas, desarrollar nuevos músculos y realizar funciones celulares, todo lo necesario para obtener la mejor versión de ti mismo.

Quemar grasa y desarrollar músculo

El fisicoculturismo es un equilibrio sutil entre quemar grasa y desarrollar músculo. Necesitas calorías adecuadas para desarrollar músculo, pero también necesitas un déficit de calorías para quemar la grasa almacenada. Parece imposible, pero no lo es. ¿El secreto? Matemáticas básicas. O, como se le llama en el mundo del fitness: la ecuación del equilibrio energético. En otras palabras, cuantos más músculos tengas y más activo seas, más necesitarás comer. Esto sucede porque mientras más masa muscular tengas, más energía (¡gracias, comida!) Se requiere para mover ese músculo. Todo, desde funciones básicas como respiración, digestión y frecuencia cardíaca hasta caminar y usar ropa al subir escaleras, o ejercicios más deliberados como correr o empujar pesos pesados en el gimnasio, tu cuerpo necesita energía, y todas estas tareas con más masa muscular, necesitas más combustible.

Antes de que te apresures a ir al refrigerador, veamos el otro extremo del espectro. Cuando comemos más calorías de las que nuestro cuerpo usa, se almacenan en forma de grasa. Es por eso que las personas a las que les gusta hacerse fuertes nunca se vuelven delgados y desgastados. De hecho, pueden volverse más fuertes, pero perder peso significa reducir las calorías adicionales. Otros factores a considerar incluyen la mala calidad de los alimentos, la distribución inadecuada de nutrientes y las proporciones incorrectas de macronutrientes. Por supuesto, no todas las calorías son iguales. Queremos alimentar nuestro cuerpo con los mejores componentes básicos en el momento adecuado para impulsar nuestro entrenamiento, mejorar nuestro rendimiento, desarrollar más músculos y eliminar la grasa corporal extra.

Comencemos revisando algunos de los mejores alimentos para ayudarnos a alcanzar nuestras metas.

Los quince mejores alimentos para el desarrollo muscular

1. Carne blanca: pollo, pavo y cerdo son excelentes fuentes de carne blanca. Alto en proteínas y bajo en grasas, te permite obtener todos los gramos de proteína que necesitas sin subir tu ingesta de calorías por las nubes.
2. La carne de res alimentada con pasto, en comparación con la carne de res alimentada con granos, es baja en grasas, contiene ácidos grasos esenciales y antioxidantes, y menos de estas grasas que aumentan el colesterol.
3. El salmón es una de las mayores fuentes dietéticas de vitamina D. Los estudios han demostrado que la vitamina D contribuye a una mayor fuerza muscular.

4. Las yemas son ricas en colesterol, el tipo de grasa que tu cuerpo utiliza con mayor eficacia para producir testosterona. También son ricas en vitamina D, una vitamina relacionada con niveles más altos de testosterona. El truco, sin embargo, es la moderación, así que cuida tus porciones.
5. Los mariscos son fuentes maravillosas de proteína y zinc. El zinc es esencial para el ejercicio y cuanto más hacemos, más se agota. Mantener altos niveles de zinc te ayudará a hacer tu mejor esfuerzo.
6. El yogur griego contiene menos carbohidratos y muchas más proteínas (¡23 g por taza!) Que el yogur regular y proporciona probióticos que ayudan a la digestión y mejoran la absorción de nutrientes.
7. La quínoa es el único grano denominado proteína completa. Aporta aminoácidos vitales, así como antioxidantes, vitaminas, minerales y fibra. Sin embargo, asegúrate de tener en cuenta el contenido de carbohidratos al planificar las comidas.
8. Los frijoles son la proteína más eficiente que puedes comprar. Además de las proteínas, los frijoles proporcionan toneladas de fibra y carbohidratos de digestión lenta que ayudan a estabilizar el azúcar en la sangre durante tu entrenamiento y actividades diarias.
9. Las manzanas contienen ácido ursólico, un compuesto natural que bloquea algunos tipos de ARNm asociados con la pérdida muscular y provoca un mayor crecimiento muscular, mejorando la señalización como el factor de crecimiento insulina-1 (IGF-1).
10. Las verduras crucíferas incluyen el brócoli, coliflor, bok choy, repollo, coles de Bruselas, rábano, y repollo verde, por nombrar algunos. Estos vegetales son una fuente natural de inhibidores de la aromatasa, que ayudan a controlarlos y el estrógeno y mejoran los niveles de testosterona libre.
11. Las bananas son una fuente barata y sabrosa de carbohidratos, llena de potasio y fibra, cuyos estudios han demostrado ser tan efectivos para mejorar el rendimiento como las bebidas con carbohidratos.

12. Las nueces de coco contienen una fuente saludable de grasas saturadas que producen testosterona. Se ha demostrado que las dietas que son demasiado bajas en grasas saturadas reducen la testosterona, lo que puede limitar tus ganancias potenciales en el gimnasio.
13. La remolacha es una excelente fuente de óxido nítrico, un suplemento probado para mejorar el rendimiento, combatir la fatiga y acelerar la recuperación. Son perfectos como refrigerio que se come antes de un entrenamiento para sacar lo mejor de ti.
14. Las papas russet son un carbohidrato de rápida absorción con un índice glucémico muy alto. Después de una sesión de entrenamiento intenso, te ayudarán a reponer tus músculos para el próximo entrenamiento, mejorando la recuperación y aumentando tu carga de entrenamiento.
15. La batata es la mejor fuente de betacaroteno, un poderoso antioxidante que ayuda a desarrollar músculo. Se ha demostrado que mejora los niveles del factor de crecimiento similar a la insulina 1 (ifg-1), que promueve el crecimiento muscular y reduce la degradación de proteínas.

Mejores alimentos para quemar grasa

1. La proteína magra se necesita en cantidades mayores de lo habitual al reducir las calorías para evitar la pérdida de masa magra.
2. Las nueces son ricas en proteínas, fibra y grasas saludables. Los ensayos clínicos han demostrado que las dietas bajas en calorías, que incluyen nueces, provocan más pérdida de peso que aquellas sin nueces. También son altos en calorías, ¡pero ten en cuenta el tamaño de la porción!
3. La espinaca y otras membranas de plantas verdes como esta resultan ser una parte importante de la dieta, provocando una pérdida de peso significativa, mejorando los niveles de colesterol, disminuyendo los antojos de dulces y ayudando a reducir el hambre.

4. Las verduras crucíferas proporcionan fitoquímicos para combatir las enfermedades. Un indole-3-carbinol en particular, ayuda a la pérdida de peso luchando contra el aumento de peso, mejora la tolerancia a la glucosa y ayuda a regular los niveles de estrógeno y testosterona.

5. Los pimentones contienen un compuesto llamado capsaicina, que ayuda a reducir el apetito. Además, al estimular el sistema simpático-suprarrenal del cuerpo, estimulan el metabolismo para que pueda quemar más calorías de la grasa almacenada.

6. Las frutas cítricas están repletas de vitamina C, antioxidantes, flavonoides y fibra de pectina soluble. La toronja se compone específicamente de naringenina, un antioxidante que mejora el uso de insulina por parte del cuerpo y aumenta la quema de calorías. Los estudios también han revelado que después de ingerir p-sinefrina, que se ve en la naranja amarga, el cuerpo utilizará más grasa almacenada para impulsar el ejercicio.

7. Manzanas, en un estudio reciente, se ha demostrado que la pectina de manzana previene el aumento de peso y el almacenamiento de grasa al fortalecer la función de la barrera intestinal, mejorar el equilibrio de bacterias en el tracto digestivo y aliviar el estrés. Como otras fuentes de fibra soluble, la pectina de manzana también mejora los niveles de colesterol y la salud del corazón.

8. Frambuesas, La cetona de la frambuesa es un compuesto fenólico habitual que se encuentra en las frambuesas rojas. Las cetonas de frambuesa no solo ayudan a prevenir el aumento de peso, sino que también aumentan la descomposición de la grasa almacenada en el cuerpo.

9. La canela ayuda a controlar el azúcar en la sangre. Agrega canela a tu dieta puede minimizar la resistencia a la insulina causada por hábitos alimenticios poco saludables y contrarrestar los efectos negativos del estrés en el aumento de peso.

10. La avena entera y el salvado de avena son ricos en fibra beta glucano soluble en el agua, mejorando los niveles de colesterol y mejorando la salud del corazón. La

avena también se digiere lentamente, por lo que te sientes satisfecho por más tiempo que con otros granos.

11. El vinagre de sidra de manzana ha demostrado mejorar los niveles de colesterol cuando se consume con regularidad. El vinagre, en general, cuando forma parte de una comida, puede reducir las subidas de azúcar en la sangre para que te sientas satisfecho por más tiempo.
12. El platango psyllium es una fuente de fibra baja en calorías. Cuando entra en contacto con el agua, se hincha; agregalo a cualquier comida hace que sea más densa y completa para que puedas mantener tus objetivos de calorías.
13. El té verde contiene catequinas y cafeína, que aumentan el metabolismo energético, lo que resulta en la pérdida de peso. Cuando funcionan juntos, la termogénesis de la grasa es uniforme y la pérdida de grasa abdominal inducida por el ejercicio es mayor.

Recetas para el desayuno

Revoltillo de espinacas y tofu con crema agria

Tiempo de preparación: 10 minutos.

Tiempo de cocción: 15 minutos.

Porciones: 2

Ingredientes:

Crema agria:

- 75 g de anacardos crudos, remojados durante la noche
- 30 ml de jugo de limón
- 5g de levadura nutricional
- 60 ml de agua
- 1 pizca de sal

Revuelto de tofu:

- 15 ml de aceite de oliva
- 1 cebolla pequeña, cortada en cubitos
- 1 diente de ajo picado
- 400 tofu firme, prensado, desmenuzado
- ½ cucharadita de comino molido
- ½ cucharadita de curry en polvo
- ½ cucharadita de cúrcuma
- 2 tomates, cortados en cubitos
- 30g de espinacas tiernas
- Sal al gusto

Instrucciones:

1. Prepara la crema agria de anacardos; enjuaga y escurre los anacardos empapados.
2. Coloca los anacardos, jugo de limón, levadura nutricional, agua y sal en un procesador de alimentos.
3. Mezcla a fuego alto hasta que quede suave, durante 5-6 minutos.
4. Transfiere a un tazón y déjalo a un lado.
5. Haz el tofu revuelto; Calienta el aceite de oliva en un sartén.
6. Agrega la cebolla y cocina 5 minutos a fuego medio-alto.
7. Agrega el ajo y cocina revolviendo durante 1 minuto.
8. Agrega el tofu desmenuzado y revuelve para cubrir con aceite.
9. Agrega el comino, curry y cúrcuma. Cocina el tofu durante 2 minutos.
10. Agrega los tomates y cocina por 2 minutos.
11. Agrega las espinacas y cocina, revolviendo hasta que se ablanden por completo, aproximadamente 1 minuto.
12. Transfiere el tofu revuelto en el plato.
13. Cubre con crema agria y sirve.

Nutrición:

- Calorías: 411
- Grasa total: 26,5 g
- Carbohidratos totales: 23,1 g
- Fibra dietética: 5,9 g
- Azúcares totales: 6,3 g
- Proteína: 25 g

1. Cubre cada tazón con mermelada de moras.
2. Espolvorea con pistachos antes de servir.

Nutrición:

- Calorías: 362
- Grasa total: 13,4 g
- Carbohidratos totales: 52,6 g
- Fibra dietética: 17,4 g
- Azúcares totales: 24,6g
- Proteína: 12,4g

Gachas de quínoa y amaranto

Tiempo de preparación: 5 minutos.

Tiempo de cocción: 35 minutos.

Porciones: 2

Ingredientes:

- 85g de quínoa
- 70 g de amaranto
- 460ml de agua
- 115 ml de leche de soja sin azúcar
- ½ cucharadita de pasta de vainilla
- 15 g de mantequilla de almendras
- 30 ml de jarabe de arce puro
- 10 g de semillas de calabaza crudas
- 10 g de semillas de granada

Instrucciones:

1. Combina la quínoa, amaranto y agua.
2. Lleva a ebullición a fuego medio-alto.
3. Reduce el fuego y cocina a fuego lento los granos, revolviendo ocasionalmente, durante 20 minutos.
4. Agrega la leche y el jarabe de arce.
5. Cocina a fuego lento durante 6-7 minutos. Retira del fuego y agrega la vainilla y la mantequilla de almendras.
6. Deja reposar la mezcla durante 5 minutos.
7. Divídelo en dos tazones.
8. Cubre con semillas de calabaza y semillas de granada.

9. Sirve.

Nutrición:

- Calorías: 474
- Grasa total: 13,3 g
- Carbohidratos totales: 73,2 g
- Fibra dietética: 8,9 g
- Azúcares totales: 10 g
- Proteína: 17,8 g

Bol de quínoa y banana con mantequilla de maní

Tiempo de preparación: 15 minutos.

Tiempo de cocción: 15 minutos.

Porciones: 1

Ingredientes:

- 175 ml de leche de soja sin azúcar
- 85g de quínoa cruda
- ½ cucharadita de canela de Ceilán
- 10g de semillas de chía
- 30 g de mantequilla de maní orgánica
- 30 ml de leche de almendras sin azúcar
- 10 g de cacao en polvo crudo
- 5 gotas de stevia líquida
- 1 banana pequeña, pelada y en rodajas

Instrucciones:

1. En una cacerola, hierve la leche de soja, la quínoa y la canela de Ceilán.
2. Reduce el fuego y cocina a fuego lento durante 15 minutos.
3. Retira del fuego y agrega las semillas de chía. Cubre la cacerola con tapa y déjala a un lado por 15 minutos.
4. Mientras tanto, cocina en el microondas la mantequilla de maní y la leche de almendras durante 30 segundos a temperatura alta. Retira y revuelve hasta que esté líquida. Repite el proceso si es necesario.
5. Agrega el cacao en polvo crudo y la Stevia.
6. Servir; saca la quínoa con un tenedor y transfiérala a un bol.
7. Cubre con rodajas de banana.
8. Rocía la quínoa con mantequilla de maní.
9. Sirve.

Nutrición:

- Calorías: 718
- Grasa total: 29,6 g
- Carbohidratos totales: 90,3 g
- Fibra dietética: 17,5 g
- Azúcares totales: 14,5 g
- Proteína: 30,4 g

Rodajas de batata con frutas

Tiempo de preparación: 10 minutos.

Tiempo de cocción: 10 minutos.

Porciones: 2

Ingredientes:

La base:

- 1 batata

Adición:

- 60 g de mantequilla de maní orgánica
- 30 ml de jarabe de arce puro
- 4 albaricoques secos, cortados en rodajas
- 30 g de frambuesas frescas

Instrucciones:

1. Pela y corta la batata en rodajas de ½ cm de grosor.
2. Coloca las rodajas de papa en una tostadora a temperatura alta durante 5 minutos. Tuesta tus batatas DOS VECES.
3. Coloca las rodajas en un plato.
4. Unta la mantequilla de maní sobre las rodajas de batata.
5. Rocía el jarabe de arce sobre la mantequilla.
6. Cubre cada rebanada con la misma cantidad de albaricoques y frambuesas rebanadas.
7. Sirve.

Nutrición:

- Calorías: 300
- Grasa total: 16,9 g
- Carbohidratos totales: 32,1 g
- Fibra dietética: 6,2 g

- Azúcares totales: 17,7 g
- Proteína: 10,3 g

Brownies de avena para el desayuno

Tiempo de preparación: 10 minutos.

Tiempo de cocción: 40 minutos.

Porciones: 10 rebanadas (2 por ración)

Ingredientes:

- 180 g de hojuelas de avena a la antigua
- 80 g de harina de maní
- 30 g de harina de garbanzo
- 25 g de harina de semillas de lino
- 5 g de levadura en polvo, sin aluminio
- ½ cucharadita de bicarbonato de sodio
- 5 ml de pasta de vainilla
- 460 ml de leche de soja y vainilla sin azúcar
- 80 g de puré de manzana orgánico
- 55g de puré de calabaza orgánico
- 45 g de mantequilla de maní orgánica
- 5 ml de extracto líquido de stevia
- 25g de almendras picadas

Instrucciones:

1. Precalienta el horno a 180°C / 350°F.
2. Forra una bandeja para hornear de 18 cm con papel pergamino, dejando los lados sobresalientes.
3. En un tazón grande, combina la avena, harina de maní, harina de garbanzo, semillas de lino, polvo de hornear y bicarbonato de sodio.

4. En un recipiente aparte, mezcla la pasta de vainilla, leche de soja, puré de manzana, puré de calabaza, mantequilla de maní y stevia.
5. Mezcla los ingredientes líquidos en secos y revuelve hasta que se incorporen.
6. Vierte la masa en la bandeja para hornear preparada.
7. Espolvorea uniformemente con almendras picadas.
8. Hornea los brownies de avena durante 40 minutos.
9. Retira del horno y deja enfriar.
10. Corta y sirve.

Nutrición:

- Calorías: 309
- Grasa total: 15,3 g
- Carbohidratos totales: 32,2 g
- Fibra dietética: 9,2 g
- Azúcares totales: 9,1 g
- Proteína: 13,7 g

Panqueques de brownie

Tiempo de preparación: 10 minutos.
Tiempo de cocción: 5 minutos.
Porciones: 2

Ingredientes:

- 35 g de frijoles negros cocidos
- 30 g de harina todo uso
- 25 g de harina de cacahuete
- 25 g de cacao en polvo crudo
- 5 g de levadura en polvo, sin aluminio
- 15 ml de jarabe de arce puro
- 60 g de leche de soja sin azúcar
- 35 g de puré de manzana orgánico
- ½ cucharadita de pasta de vainilla
- 10 g de almendras trituradas

Instrucciones:

1. Combina los frijoles negros cocidos, la harina todo uso, la harina de maní, el cacao en polvo y el polvo de hornear en un tazón.
2. En un tazón aparte, bate el jarabe de arce, la leche de soya, el puré de manzana y la vainilla.
3. Integra los ingredientes líquidos en seco y bate hasta que quede suave. También puedes echar los ingredientes en una licuadora y mézclalos.
4. Calienta una sartén antiadherente grande a fuego medio-alto. Rocía la sartén con un poco de aceite de cocina.
5. Vierte ¼ de taza de masa en la sartén. Espolvorea con algunas almendras.
6. Cocina los panqueques por cada lado durante 1 ½–2 minutos.
7. Sirve tibio, rociado con el almíbar deseado.

Nutrición:

- Calorías: 339

- Grasa total: 9.5 g
- Carbohidratos totales: 46,8 g
- Fibra dietética: 11,2 g
- Azúcares totales: 6.5 g
- Proteínas: 26,5 g

Mini frittatas de tofu

Tiempo de preparación: 15 minutos.
Tiempo de cocción: 25 minutos.
Porciones: 12 mini frittatas (3 por ración)
Ingredientes:

- 450 g de tofu firme, escurrido
- 115 ml de leche de soja
- 5 g de curry suave en polvo
- 15 ml de aceite de oliva
- 20 g de cebolletas picadas
- 80 g de granos de maíz, frescos
- 140 g de tomates cherry, cortados en cuartos
- 75 g de espinacas tiernas
- Sal y pimienta al gusto

Pesto para servir:

- 15 g de albahaca fresca
- 10 g de nueces
- 1 diente de ajo pelado
- 10 g de zumo de limón
- 5 g de levadura nutricional
- 20 ml de aceite de oliva
- 30 ml de agua
- Sal al gusto

Instrucciones:

1. Haz las frittatas, precalienta el horno a 180°C/350°F.
2. Forra un mini molde para muffins de 12 agujeros con capacillos de papel.
3. Combina el tofu, la leche de soja y el curry en polvo en una licuadora. Mezcla hasta que esté suave.
4. Calienta el aceite de oliva en una sartén.
5. Agrega las cebolletas y cocina 3 minutos.
6. Agrega el maíz y los tomates. Cocina 2 minutos.
7. Agrega las espinacas y cocina revolviendo durante 1 minuto. Sazona al gusto.
8. Agrega las verduras a la mezcla de tofu.
9. Divide la mezcla de tofu y vegetales entre los 12 capacillos de papel.
10. Hornea la frittata durante 25 minutos.
11. Mientras tanto, prepara el pesto; combina la albahaca, las nueces, el jugo de limón y la levadura nutricional en un procesador de alimentos.
12. Procesa hasta que quede suave.
13. Agrega aceite de oliva y procesa hasta que quede suave.
14. Raspa los lados y agrega agua. Procesa hasta que esté cremoso.
15. Para servir, retira las frittatas del horno. Deja enfriar sobre una rejilla.
16. Retira las frittatas del molde para muffins. Cubre cada uno con pesto.
17. Sirve.

Nutrición:

- Calorías: 220
- Grasa total: 14,2 g
- Carbohidratos totales: 13,5 g
- Fibra dietética: 4.5g
- Azúcares totales: 4g
- Proteínas: 15g

Quiche de muffin de garbanzos

Tiempo de preparación: 15 minutos.
Tiempo de cocción: 65 minutos.
Porciones: 12 muffins (3 por ración)
Ingredientes:

- 280 g de camote, pelado, cortado en cubos de ¼ de pulgada
- 15 ml de aceite de oliva
- 90 g de harina de garbanzo
- 10 g de levadura nutricional
- 460 ml de agua
- 30 g de espinacas
- 40 g de champiñones castaños, en rodajas
- 35 g de hongos shiitake, picados
- Sal y pimienta para probar

Instrucciones:

1. Calienta el horno a 200°C/425°F.
2. Engrasa la bandeja de muffin de 12 hoyos con un poco de aceite.
3. Cubre una bandeja para hornear con papel de hornear.
4. Mezcla los cubos de camote con aceite de oliva, sal y pimienta en una bandeja para hornear.
5. Asa la batata durante 20 minutos.
6. Retira las batatas del horno y déjalas a un lado. Reduce el fuego del horno a 350°F.
7. Mientras tanto, mezcla la harina de garbanzo, la levadura nutricional y 235 ml de agua en un tazón. Sazona al gusto con sal.
8. Lleva el agua restante a fuego lento a fuego medio-alto.
9. Incorpora la mezcla de harina de garbanzos y reduce el fuego a bajo.
10. Cocina el garbanzo revolviendo constantemente la harina durante 6 minutos o hasta que espese.
11. Retira del fuego y agrega las espinacas tiernas, los champiñones y las batatas.

12. Divide la mezcla en el molde para muffins.
13. Coloca el molde para muffins en el horno. Hornea los muffins de quiche durante 25–30 minutos.
14. Retira del horno y enfría sobre una rejilla.
15. Sirve mientras aún está caliente.

Nutrición:
- Calorías: 247
- Grasa total: 6.1g
- Carbohidratos totales: 36.2g
- Fibra dietética: 8,3 g
- Azúcares totales: 2.8g
- Proteínas: 14,6g

Panqueque de quinua con albaricoque

Tiempo de preparación: 10 minutos.

Tiempo de cocción: 25 minutos.

Porciones: 4

Ingredientes:
- 115 ml de leche de soja y vainilla
- 120 g de salsa de manzana
- 15 ml de jugo de limón
- 5 g de bicarbonato de sodio
- 30 ml de jarabe de arce puro
- 190 g de harina de quinua

Salsa:
- 60 g de orejones
- 5 ml de jugo de limón
- 15 ml de sirope de arce
- 170 ml de agua

Instrucciones:
1. Prepara la salsa, lava los albaricoques y remoja en agua durante 1 hora.
2. Pica los albaricoques y colócalos en una cacerola con jugo de limón y jarabe de arce.
3. Cubre los albaricoques con agua y lleva a ebullición a fuego medio-alto.
4. Reduce el fuego y cocina a fuego lento los albaricoques durante 12–15 minutos.
5. Retira del fuego y enfría un poco antes de transferir a una licuadora.
6. Licúa los albaricoques hasta que estén suaves. Deja a un lado.
7. Prepara los panqueques; en un tazón grande, bate la leche de soya, la compota de manzana, el jugo de limón y el jarabe de arce.
8. Tamiza la harina de quinua y el bicarbonato de sodio.
9. Revuelve hasta que tengas una masa suave.
10. Calienta una sartén grande a fuego medio-alto. Rocía la sartén con un poco de aceite de cocina.

11. Vierte ¼ de taza de la masa en la sartén.
12. Cocina los panqueques durante 2 minutos por lado.
13. Sirve los panqueques con salsa de albaricoque.

Nutrición:
- Calorías: 273
- Grasa total: 3g
- Carbohidratos totales: 51,6 g
- Fibra dietética: 5.2g
- Azúcares totales: 19g
- Proteínas: 7,9g

Cuadrados de alcachofa y espinacas

Tiempo de preparación: 10 minutos.
Tiempo de cocción: 30 minutos.
Porciones: 8 cuadrados, (2 por porción)
Ingredientes:

- 340 g de corazones de alcachofa marinados en agua, escurridos
- 15 ml de aceite de oliva
- 1 cebolla pequeña, cortada en cubitos
- 1 diente de ajo picado
- 250 g de tofu sedoso
- 30 ml de leche de soja sin azúcar
- 40 g de harina de almendras
- 60g de espinacas tiernas
- Sal y pimienta para probar
- 1/8 cucharadita de orégano seco

Instrucciones:

1. Precalienta el horno a 180°C/350°F.
2. Forra un molde para hornear de 8 pulgadas con papel pergamino.
3. Escurre las alcachofas y pícalas finamente.
4. Calienta el aceite de oliva en una sartén a fuego medio-alto.
5. Agrega la cebolla y cocina 4 minutos. Agrega el ajo y cocina 1 minuto.
6. Agrega corazones de alcachofa y espinacas. Cocina 1 minuto.
7. Retira del fuego y deja enfriar.
8. Mientras tanto, combina el tofu sedoso, la leche de soja, la sal, la pimienta y el orégano en una licuadora.
9. Mezcla hasta que esté suave.
10. Agrega la harina de almendras y la mezcla de alcachofas.
11. Vierte la mezcla en un molde para hornear.

12. Hornea durante 25–30 minutos o hasta que esté ligeramente dorado.
13. Retira del horno y enfría 10 minutos.
14. Corta y sirve.

Nutrición:
- Calorías: 183
- Grasa total: 10,6 g
- Carbohidratos totales: 15.5g
- Fibra dietética: 6.7g
- Azúcares totales: 3.2g
- Proteínas: 10.1g

Blini de desayuno con caviar de lentejas negras

Tiempo de preparación: 15 minutos.
Tiempo de cocción: 35 minutos.
Porciones: 4
Ingredientes:
Para los blinis:
- 170 ml de leche de soja sin azúcar
- 5 g de levadura instantánea
- 120 g de harina de trigo sarraceno
- 75 g de harina todo uso
- 45 ml de aquafaba (agua de garbanzos)
- Sal al gusto

Caviar de lentejas:
- 15 ml de aceite de oliva
- 1 zanahoria rallada
- 2 cebolletas picadas
- 100g de lentejas negras
- 235 ml de agua
- 15 ml de vinagre balsámico
- Sal y pimienta para probar

Instrucciones:
1. Haz las lentejas; calienta el aceite de oliva en una cacerola.
2. Agrega la zanahoria y las cebolletas. Cocina 4 minutos a fuego medio-alto.
3. Agrega las lentejas y revuelve suavemente para cubrir con aceite. Vierte agua y deja hervir.
4. Reduce el fuego y cocina a fuego lento las lentejas durante 35 minutos o hasta que estén tiernas.
5. Agrega el vinagre balsámico y sazona al gusto. Deja a un lado.
6. Haz los blinis: Calienta la leche de soja en una cacerola a fuego medio.

7. Mientras tanto, bate la levadura con harina de trigo sarraceno, harina todo uso y sal al gusto.
8. Vierte gradualmente la leche tibia hasta que tenga una masa suave.
9. Bate la aquafaba en un bol hasta que esté espumosa. Incorpora la aquafaba a la masa.
10. Cubre la masa con un paño limpio y deja a un lado, a temperatura ambiente, durante 1 hora.
11. Calienta una sartén grande a fuego medio-alto. Cubre la sartén con aceite en aerosol.
12. Deja caer 1 cucharada de masa en la sartén. Distribuye suavemente la masa, con el dorso de la cuchara, solo para crear un círculo de 2 ½ pulgadas.
13. Cocina el blini durante 1 minuto por cada lado.
14. Sirve blinis con caviar de lentejas.
15. Adorna con un poco de cilantro picado antes de servir.

Nutrición:

- Calorías: 340
- Grasa total: 5.9g
- Carbohidratos totales: 58.8g
- Fibra dietética: 12,5 g
- Azúcares totales: 4.4g
- Proteínas: 14,9g

Cereal de plátano de semilla de cáñamo

Tiempo de preparación: 10 minutos.
Tiempo de cocción: 25 minutos.
Porciones: 4
Ingredientes:

- 5 g de semillas de lino molidas
- 45 ml de agua
- 70 g de harina de almendras
- 60 g de nueces picadas
- 80 g de semillas de cáñamo
- 30 g de copos de coco sin azúcar
- 3 cucharadas de azúcar de coco
- 1 ½ cucharada de aceite de coco derretido
- 1 cucharadita de extracto de plátano
- 460 ml de leche de almendras sin azúcar, tibia

Instrucciones:

1. En un tazón pequeño, combina las semillas de lino y el agua. Deja reposar durante 10 minutos.
2. Precalienta el horno a 150°C/300°F.
3. Cubre una bandeja para hornear grande con papel pergamino.
4. Combina harina de almendras, nueces, semillas de cáñamo, hojuelas de coco y azúcar de coco en un tazón grande.
5. En un recipiente aparte, combina la mezcla de semillas de lino con aceite de coco y extracto de plátano.
6. Vierte la mezcla de semillas de lino en los ingredientes secos y revuelve para combinar.
7. Extienda la mezcla sobre una bandeja para hornear.
8. Hornea los cereales durante 25 minutos, revolviendo 2–3 veces durante el proceso de horneado.
9. Apaga el horno y deja que los cereales se enfríen durante 10 minutos.

10. Sirve con leche de almendras tibia.

Nutrición:
- Calorías: 495
- Grasa total: 40,2 g
- Carbohidratos totales: 20,4 g
- Fibra dietética: 5.3 g
- Azúcares totales: 9,8 g
- Proteínas: 18,3 g

Recetas para el almuerzo

Sopa vegana de fideos con "pollo"

Tiempo de preparación: 10 minutos.

Tiempo de cocción: 50 - 60 minutos

Ingredientes:

- 2 bloques (14 onzas cada uno) de tofu firme, escurrido, exprimido del exceso de humedad
- 2 cucharaditas de aceite de coco
- 3 cucharadas de aceite de oliva
- 2 cebollas grandes, en rodajas finas
- 2 tazas de zanahorias picadas
- 2 tazas de apio cortado en cubitos
- ¼ de cucharadita de pimienta blanca
- ¼ de cucharadita de pimienta negra
- ½ cucharadita de tomillo seco
- 16 tazas de caldo vegano de pollo o caldo de verduras
- 2 cucharadas de levadura nutricional
- 4 cucharadas de salsa de soja
- 3 cucharadas de vinagre de arroz (opcional)
- 1 cucharadita de hojuelas de chile rojo
- Sal al gusto
- 16 onzas de pasta de codo de arroz integral
- 1 puñado de perejil fresco picado para decorar

Instrucciones:

1. Extiende los cubos de tofu en una bandeja para hornear forrada con papel pergamino.
2. Hornea en un horno precalentado a 400°F hasta que se dore.
3. Coloca una olla grande a fuego medio alto. Agrega aceite de coco y aceite de oliva. Cuando los aceites estén calientes, agrega el apio, la cebolla y la zanahoria y saltea durante unos 4-5 minutos.
4. Agrega el ajo y todas las especias. Saltea durante unos segundos hasta que esté aromático. Agrega el caldo y revuelve. Cuando empiece a hervir, baja el fuego.
5. Agrega el tofu, fideos y salsa de soja y revuelve.
6. Agrega la levadura nutricional, sal y pimienta y cocina los fideos hasta que esté al dente. Prueba y ajusta los condimentos si es necesario.
7. Sirve en tazones de sopa. Adorna con perejil y sirve.

Nutrición:

- Calorías: 404
- Grasas: 13 g
- Carbohidratos: 55 g
- Fibra: 5 g
- Proteína: 17 g

Sopa de guisantes y menta

Tiempo de preparación: 10 minutos.

Tiempo de cocción: 30 minutos.

Ingredientes:

- 2 cucharadas de aceite de oliva extra virgen + extra para rociar
- 2 cebollas medianas, finamente picadas
- 10 tazas de guisantes sin cáscara, preferiblemente frescos
- 8 tazas de caldo de verduras
- 2 onzas de mantequilla vegana
- 2 dientes de ajo pelados y picados
- 2 tazas de hojas de menta
- Sal al gusto
- Pimienta al gusto
- Queso parmesano vegano (opcional)

Instrucciones:

1. Coloca una olla para sopa a fuego medio. Agrega aceite y mantequilla. Cuando la mantequilla se derrita, agrega la cebolla y saltea hasta que esté transparente.
2. Agrega el ajo y cocina durante unos 2-3 minutos, revolviendo con frecuencia.
3. Agrega de 7 a 8 tazas de guisantes, menta y 6 tazas de caldo. Cubre y cocina hasta que esté suave.
4. Apaga el fuego. Deja enfriar por unos minutos. Agrega la sopa en una licuadora. Mezcla hasta que esté suave.
5. Vierte en la olla. Agrega el resto del caldo y los guisantes. Añade sal y pimienta al gusto.
6. Vuelve a colocar la olla a fuego medio. Cocina hasta que los guisantes estén suaves.
7. Agrega queso si lo deseas. Cocina a fuego lento hasta que el queso se derrita.
8. Agrega un poco de aceite de oliva y revuelve.
9. Déjalo enfriar completamente.
10. Sirve en tazones con un poco de bollo o pan si lo deseas.

Sopa minestrone

Tiempo de preparación: 15 minutos.

Tiempo de cocción: 15 minutos.

Porciones: 8

Ingredientes:

- 2 cucharadas de aceite de oliva
- 4 tallos de apio, en rodajas
- 4 dientes de ajo, pelados y picados
- 4 zanahorias medianas, picadas
- 2 cebollas pequeñas picadas
- 4 tazas de espinacas tiernas picadas
- 2 cucharadas de condimento italiano
- 2 latas (15 onzas cada una) de frijoles, escurridos y enjuagados
- 4 cubos de caldo de verduras, cortados por la mitad
- 2/3 taza de pasta de tomate
- 1 cucharadita de sal o al gusto
- 2 cajas de conchas de pasta de garbanzos
- 8 tazas de agua

Instrucciones:

1. Coloca las zanahorias, cebollas y apio en un procesador de alimentos y procesa hasta que las verduras estén finamente picadas.
2. Coloca una olla grande a fuego medio-alto. Agrega el aceite. Cuando el aceite esté caliente, agrega la cebolla y el ajo y saltea hasta que esté transparente. Agrega las zanahorias y el apio y cocina por un par de minutos.
3. Agrega el ajo, pasta de tomate, sal y condimento italiano y cocina por un par de minutos hasta que esté aromático.
4. Agrega los frijoles y la pasta y mezcla bien. Cocina hasta que la pasta esté al dente.
5. Agrega la espinaca y cocina hasta que se marchite.

6. Sirve en tazones de sopa.

Nutrición:
- Calorías: 320
- Grasas: 8 g
- Carbohidratos: 47 g
- Fibra: 8 g
- Proteína: 27 g

Nutrición sin queso:
- Calorías: 349
- Grasas: 13 g
- Carbohidratos: 43 g
- Fibra: 12 g
- Proteína: 17 g

Bol de Buda

Tiempo de preparación: 15 minutos.

Tiempo de cocción: 25 minutos.

Ingredientes:

Para bol de Buda:

- 6 cucharadas de quínoa cruda
- 1 cebolla morada pequeña, cortada en trozos
- 1 zanahoria grande, pelada y picada
- 1 taza de coles de Bruselas, cortadas por la mitad
- Sal al gusto
- Pimienta al gusto
- 1 cucharada de aceite de oliva
- ½ lata (de la lata de 19 onzas) de garbanzos, escurridos, enjuagados

Para aderezo de tahini:

- 1 cucharada de tahini
- 1 cucharadita de jarabe de arce
- Sal al gusto
- 1 cucharada de agua
- 1 cucharadita de jugo de limón.

Instrucciones:

1. Cocina la quínoa siguiendo las instrucciones del paquete. Revuelve con un tenedor. Cubre y reserva.
2. Mientras tanto, agrega las verduras en un tazón y mezcla. Rocíalo con aceite. Sazona con sal y pimienta y revuelve bien.
3. Extiende uniformemente las verduras en una bandeja para hornear forrada con papel pergamino.

4. Hornea en un horno precalentado a 425°F durante unos 20 minutos o hasta que estén tiernos. Revuelve una vez a la mitad del tiempo.
5. Divide la quínoa en 2 tazones. Reparte los garbanzos y las verduras entre los tazones. Rocía la salsa encima y sirve.

Nutrición:
- Calorías: 496
- Grasas: 16 g
- Carbohidratos: 70 g
- Fibra: 15 g
- Proteína: 19 g

Bol de Buda de quínoa y frijoles negros

Tiempo de preparación: 10 minutos.

Tiempo de cocción: 2 minutos.

Ingredientes:

- 1 ½ tazas de frijoles negros enlatados o cocidos, enjuagados
- ½ taza de hummus
- ½ aguacate, pelado y cortado en cubitos
- ¼ taza de cilantro fresco picado
- 1 1/3 tazas de quínoa cocida
- 2 cucharadas de jugo de lima
- 6 cucharadas de Pico de Gallo
- 1 cucharada de agua o más si es necesario

Instrucciones:

1. Agrega los frijoles y la quínoa en un tazón y mezcla bien. Divide en 2 tazones.
2. Para hacer el aderezo: Agrega hummus, jugo de limón y agua en un tazón y bate bien.
3. Rocía el aderezo sobre la mezcla de frijoles.
4. Esparce el aguacate encima. Divide el Pico de Gallo y colócalo encima. Espolvorea cilantro encima.
5. Sirve.

Nutrición:

- Calorías: 500
- Grasas: 16 g
- Carbohidratos: 74 g
- Fibra: 20 g
- Proteína: 20 g

Bol de enchilada

Tiempo de preparación: 10 minutos.

Tiempo de cocción: 30 minutos.

Ingredientes:

- ½ pimiento rojo, cortado en cubitos
- ½ calabaza de verano pequeña, cortada en cubitos
- ½ taza de granos de elote
- ½ calabacín pequeño, cortado en cubitos
- ¼ de cebolla pequeña, cortada en cubitos
- ½ lata (de una lata de 15 onzas) de frijoles negros, enjuagados, escurridos
- ½ lata (de una lata de 19 onzas) de salsa para enchiladas
- ½ cucharadita de aceite de oliva
- ½ cucharadita de paprika
- Sal al gusto
- 3 tortillas de maíz picadas
- ½ taza de queso de tu elección, no lácteo y rallado
- ½ cucharadita de comino molido
- ½ cucharadita de ajo en polvo
- Pimienta al gusto

Instrucciones:

1. Coloca un sartén a fuego medio. Agrega el aceite. Cuando el aceite esté caliente, agrega la cebolla, pimiento rojo, calabaza, maíz y calabacín y cocina hasta que estén tiernos.
2. Agrega los frijoles negros y todas las especias y revuelve. Calienta bien.
3. Unta 2 cucharadas de salsa para enchiladas en los 2 platos pequeños de Pyrex de abajo.
4. Coloca ½ taza de verduras en cada tazón. Divide la mitad de las tortillas de maíz entre los tazones.

5. Espolvorea un poco de queso en cada uno. Unta 2 cucharadas de salsa para enchiladas en cada tazón.
6. Repite los pasos 4-5 una vez más.
7. Hornea en un horno precalentado a 375°F durante unos 20 minutos y sirve.

Nutrición:

- Calorías: 701
- Grasas: 11 g
- Carbohidratos: 131 g
- Fibra: 24 g
- Proteína: 28 g

Wrap crujiente

Tiempo de preparación: 30 minutos.
Tiempo de cocción: 15 minutos.
Ingredientes:
Para sofritas picante tofu:
- 1 ½ cucharada de aceite de oliva
- 1 cucharada de condimento para tacos
- ¼ taza de salsa
- 8 onzas de tofu extra firme, exprimido del exceso de humedad
- 1 chile chipotle, picado
- 3 tortillas de harina grandes

Para el queso de anacardos:
- ½ taza de anacardos
- ½ lata de chiles verdes cortados en cubitos
- ¼ de taza de agua
- ½ cucharadita de condimento para tacos
- Sal al gusto

Para coberturas: (opcional)
- Tostadas o totopos, partidos en trozos más pequeños
- Verduras asadas
- Rodajas de aguacate
- Frijoles negros
- Tomates
- Salsa
- Ensalada de repollo
- Cilantro
- Hojas de lechuga, etc.

Instrucciones:
1. Para hacer sofrito de tofu: coloca una sartén a fuego medio. Agrega el aceite. Cuando el aceite esté caliente, agrega el tofu y cocina por unos minutos. Rómpelo simultáneamente mientras se cocina.

2. Agrega el condimento para tacos, la salsa, el chile chipotle y la sal. Calienta bien.
3. Cocina durante unos 8–10 minutos. No revuelvas. Cuando la parte inferior esté dorada y crujiente, voltea y cocina nuevamente hasta que esté dorada y crujiente.
4. Para hacer queso de anacardos: Agrega todos los ingredientes en una licuadora. Mezcla hasta que esté suave.
5. Coloca las tortillas en tu mesada. Divide el tofu entre las tortillas.
6. Agrega una cucharada de el queso de anacardos. Coloca tostadas y otros aderezos de su elección.
7. Envuelve y coloca con el lado de la costura hacia abajo.
8. Coloca una sartén antiadherente a fuego medio. Agrega un poco de aceite. Cuando el aceite esté caliente, coloca la envoltura y cocina hasta que esté dorado por todas partes.
9. Corta en 2 mitades y sirve.

Nutrición: (1 envoltura, sin ingredientes opcionales)
- Calorías: 545
- Grasas: 26,7 g
- Carbohidratos: 59,1 g
- Proteínas: 17,9 g

Burritos de coliflor y tofu

Tiempo de preparación: 10 minutos.

Tiempo de cocción: 40 minutos.

Ingredientes:

- ½ taza de salsa de tomate
- 1 cucharada de salsa picante de pimienta de cayena
- ¼ de cucharadita de chile ancho en polvo
- Pimienta al gusto
- ¾ cucharadita de comino molido
- ½ libra de tofu extra firme, escurrido, exprimido del exceso de humedad, cortado en cubos de ½ pulgada
- 1 ½ tazas de floretes de coliflor
- 1 cucharadita de aceite de oliva
- 2 cucharadas de cilantro picado
- Sal al gusto
- 2 tortillas de harina (de 8 pulgadas cada una)
- ½ aguacate, pelado, sin hueso y en rodajas
- ½ cucharada de jugo de limón
- 1 diente de ajo, pelado y picado
- 1 cebolleta picada

Instrucciones:

1. Para el tofu horneado: Agrega salsa de tomate, salsa picante, chile en polvo, sal, pimienta, comino y cilantro en un tazón y revuelve.
2. Coloca el tofu en una bandeja para hornear forrada con papel pergamino.
3. Unta un poco de salsa sobre el tofu.
4. Hornea en un horno precalentado a 400°F durante 40 minutos. Voltea a la mitad del horneado y vuelve a cubrir el tofu con un poco de la mezcla de salsa. Retira del horno y deja enfriar. Transfiere a un bol.
5. Coloca la coliflor en un tazón. Vierte aceite y jugo de limón por encima. Espolvorea el ajo y la sal y mezcla bien. Transfiere a una bandeja para hornear. Extiéndelo uniformemente.
6. Hornea por 30 minutos. Voltea los lados a la mitad de la cocción.
7. Para armar: Coloca las tortillas en tu mesada. Divide en partes iguales el tofu y la coliflor entre las tortillas.

8. Esparce un poco de aguacate en cada tortilla. Rocía la salsa restante. Espolvorea cilantro y cebolletas encima.
9. Envuelve como un burrito y sirve.

Nutrición:
- Calorías: 396
- Grasas: 20,9 g
- Carbohidratos: 40,4 g
- Fibra: 8,7 g
- Proteínas: 17,1 g

Gyros de garbanzo asados

Tiempo de preparación: minutos

Tiempo de cocción: minutos

Ingredientes:

- ½ lata (de una lata de 15 onzas) de garbanzos, escurridos, enjuagados
- ½ cucharada de paprika
- 1/8 cucharadita de pimienta de cayena o al gusto
- ¼ cucharada de pimienta o al gusto
- Sal al gusto
- ½ cucharada de aceite de oliva
- 2 panes de pita
- 1 cebolla pequeña, finamente rebanada
- ½ tomate, en rodajas finas
- ½ taza de tzatziki vegano
- 1 hoja de lechuga grande, picada

Instrucciones:

1. Engrasa una bandeja para hornear con un poco de aceite en aerosol.
2. Seca los garbanzos dándoles palmaditas con toallas de papel.
3. Coloca los garbanzos en un bol. Espolvorea sal y especias por encima y mezcla bien.
4. Transfiere a la bandeja para hornear preparada.
5. Hornea en un horno precalentado a 400°F durante unos 20 minutos hasta que se doren. Retira del horno.
6. Unta tzatziki en la mitad de la pita. Divide los garbanzos y las verduras y colocar sobre el tzatziki. Doble la otra mitad sobre el relleno y sirve.

Nutrición:

- Calorías: 331
- Grasas: 12,6 g
- Carbohidratos totales: 45 g
- Fibra: 7,5 g
- Proteínas: 11,5 g

Wrap de hummus de edamame

Tiempo de preparación: 10 minutos.
Tiempo de cocción: 5 minutos.
Ingredientes:
- 3 onzas de edamame sin cáscara congelado, descongelado
- 1 ½ cucharada de aceite de oliva extra virgen, dividida
- 2 dientes de ajo pequeños, picados
- Pimienta al gusto
- 1 taza de repollo verde en rodajas muy finas
- ½ cebollín, en rodajas finas
- 2 tortillas de espinaca o tortillas de trigo integral (de 8 pulgadas cada una)
- 2 cucharadas de jugo de limón, dividido
- 1 cucharada de tahini
- ¼ de cucharadita de comino molido
- Sal o al gusto
- ¼ taza de pimiento naranja en rodajas
- Un puñado grande de perejil fresco picado

Instrucciones:
1. Para hacer hummus de edamame: Agrega edamame, 1 cucharada de aceite, 1 ½ cucharada de jugo de limón, sal, pimienta, comino, ajo y tahini en un tazón de procesador de alimentos y procesa hasta que quede suave.
2. Agrega la pimienta, el aceite restante y el jugo de limón restante en un tazón y bate bien. Agrega el pimiento, el repollo, el perejil y la cebolleta. Mezcla hasta que esté bien cubierto.
3. Coloca las tortillas en tu mesada. Unta el hummus de edamame en 1/3 de la parte inferior de la tortilla.
4. Esparce ½ taza de la mezcla de verduras.
5. Enrolla las tortillas y colócalas con la costura hacia abajo. Corta cada uno en 2 mitades y sirve.

Nutrición: (1 wrap)
- Calorías: 339
- Grasas: 20 g

- Carbohidratos: 35 g
- Fibra: 8 g
- Proteínas: 14 g

Hamburguesas con alto contenido de proteínas

Tiempo de preparación: 10 minutos.

Tiempo de cocción: aproximadamente 2 horas.

Ingredientes:
- 2 tazas de Proteína vegetal texturizada: (PVT)
- 6 cucharadas de aceite
- 4 cucharadas de pasta de tomate
- 2 cucharadas de levadura nutricional
- ½ cucharadita de paprika
- ½ cucharadita de ajo en polvo
- ½ cucharadita de orégano seco
- ½ cucharadita de cebolla en polvo
- ½ cucharadita de chile en polvo
- ½ taza de agua o jugo de remolacha
- 1 taza de frijoles rojos cocidos
- 2 cucharadas de sirope de arce
- 2 cucharadas de salsa de soja
- 1 cucharadita de comino molido
- ¼ de cucharadita de humo líquido
- 1 taza de gluten de trigo vital
- Sal al gusto

Para servir:
- Panes para hamburguesa
- Hojas de lechuga
- Rodajas de tomate, etc.

Instrucciones:
1. Agrega PVT en una olla grande. Vierte agua para llenar la olla. Coloca la olla a fuego alto y deja hervir.
2. Baja el fuego y déjalo cocer durante unos 12 a 15 minutos. Escurre en un colador y déjalo a un lado.
3. Agrega los frijoles, el jarabe de arce, la salsa de soja, el humo líquido, el aceite, la pasta de tomate, la levadura nutricional, todas las especias y el agua en el tazón del procesador de alimentos y procesa hasta que esté casi suave con algunos trozos visibles.

4. Coloca la PVT y procesa hasta que la PVT esté picada. Retira la mezcla en un tazón para mezclar. Mezcla el gluten de trigo vital con una cuchara de madera.
5. Con las manos, amasa la mezcla durante unos 3 minutos o hasta que esté suave y flexible.
6. Divide la mezcla en 6 porciones iguales y forma hamburguesas. Toma 6 hojas de papel de aluminio y envuelve cada hamburguesa en 1 hoja.
7. Cocina las hamburguesas envueltas en una olla a presión o en una olla instantánea durante 100 minutos. Desenvuelve las hamburguesas.
8. Coloca una sartén a fuego medio. Agrega un poco de aceite. Coloca las hamburguesas en la sartén y cocina hasta que la parte inferior esté dorada. Voltee los lados y cocina el otro lado hasta que estén dorados.
9. Sirve con las opciones sugeridas para servir si lo desea.

Nutrición: (1 hamburguesa sin opciones para servir)
- Calorías: 394
- Grasas: 14,4 g
- Carbohidratos totales: 28,3 g
- Fibra: 8 g
- Proteínas: 38,7 g

Recetas para la cena

Hamburguesas veganas de proteínas

Tiempo de preparación: 1 hora y 5 minutos

Porciones: 3

Ingredientes:

- 0,50 taza de gluten de trigo vital
- 0,25 taza de agua
- 0,10 cucharadita de humo líquido
- 0,25 cucharadita de paprika
- 0,25 cucharadita de chile molido
- 0,25 cucharadita de ajo en polvo
- 0,25 cucharadita de cebolla en polvo
- 0,25 cucharadita de orégano
- 0,50 cucharadita de comino molido
- 1 cucharada de salsa de soja
- 1 cucharada de pasta de tomate
- 1 cucharada de jarabe de arce
- 3 cucharada de aceite de oliva
- 0,50 taza de frijoles rojos
- 1 taza de proteína vegetal de tu elección

Instrucciones:

1. Para comenzar, querrás llevar a ebullición una olla grande de agua. Cuando el agua finalmente esté hirviendo, coloca la proteína vegetal que prefieras. Deja que la proteína hierva a fuego lento durante 10 a 2 minutos para asegurarte de que esté bien cocida. Una vez finalizado este tiempo, escurre la proteína y déjala a un lado.

2. A continuación, querrás sacar tu procesador de alimentos. Una vez en su lugar, agrega el agua, el humo líquido, las especias, la levadura nutricional, la salsa de soja, la pasta de tomate, el jarabe de arce, el aceite y los frijoles cocidos. Querrás procesar estos ingredientes juntos hasta que forme una textura de puré.
3. Agrega tu proteína vegetal y procesa todo junto por otros 10 segundos. Al final, todos los ingredientes deberían verse como una salsa boloñesa. No querrás trozos grandes, ya que entonces tu hamburguesa no se mantendrá bien unida.
4. Después de preparar tu hamburguesa, transfiere la mezcla a un tazón grande para mezclar. Una vez en su lugar, agrega el gluten de trigo vital y comienza a amasar todo para que pueda ayudar a desarrollar el gluten. Al final de esto, la mezcla debe quedar agradable y suave.
5. Con este paso completo, toma la mezcla en tus manos y forma tres círculos. Puedes envolver las hamburguesas en papel pergamino y luego doblarlas en papel aluminio. Si lo haces de esta manera, puedes colocar los círculos en una olla instantánea u olla a presión durante 1 hora y 20 minutos. Finalmente, retira del papel aluminio y deja que las hamburguesas se enfríen durante 10 minutos. Si no tienes una olla instantánea, también puedes usar la estufa y cocinar hasta que estén dorados por cada lado.
6. ¡Sirve estas hamburguesas en tus panecillos favoritos y cúbrelas con tus verduras favoritas para un almuerzo saludable y lleno de proteínas!

Nutrición:
- Calorías: 260
- Proteína: 19 g
- Grasas: 15 g
- Carbohidratos: 14 g
- Fibras: 2 g

Quínoa mexicana vegana

Tiempo de preparación: 35 minutos

Porciones: 4

Ingredientes:

- 2 cucharadas de Hojas de cilantro
- 1 Lima
- 1 Aguacate
- 0,25 cucharadita de Pimienta Negra
- 0,25 cucharadita de Sal
- 0,50 cucharadita de Comino
- 1 cucharadita de Chile en Polvo
- 1 taza de Granos de maíz
- 1 lata de Tomates en cubitos
- 1 Lata de Frijoles Negros
- 1 taza de Caldo de verduras
- 1 taza de Quínoa
- 1 Jalapeño
- 2 Ajo
- 1 cucharada de Aceite de oliva

Instrucciones:

1. Para empezar, vas a querer poner un sartén grande a fuego medio para que puedas comenzar a calentar el aceite de oliva. Una vez que esté chisporroteando, agrega el jalapeño y el ajo. Revuelve estos dos ingredientes durante aproximadamente un minuto o hasta que se vuelva fragante.
2. Una vez que el jalapeño esté cocido, querrás agregar la quínoa, el maíz, los tomates, los frijoles y el caldo de verduras. Una vez que el caldo comience a hervir, agrega la sal, la pimienta, el comino y el chile en polvo. Cuando las especias estén en su lugar, reduce el fuego y deja que la quínoa se cocine bien. Normalmente, esto lleva unos 20 minutos.

3. Finalmente, agrega el jugo de lima, el aguacate y el cilantro. Con los toques finales, ¡tú almuerzo está listo para ser disfrutado!

Nutrición:

- Calorías: 450
- Proteína: 23 g
- Grasas: 14 g
- Carbohidratos: 63 g
- Fibras: 16 g

Pasta fagioli rica en proteínas

Tiempo de preparación: 35 minutos

Porciones: 4

Ingredientes:

- 6 oz. De Pasta de coditos
- 2 tazas de Agua
- 4 tazas de Caldo de verduras
- 2 cucharadas de Perejil
- 2 cucharadas de Albahaca
- 0,50 cucharadita de Sal
- 0,25 cucharadita de hojuelas de Pimiento Rojo
- 1 cucharadita de Pimienta Negra
- 1 Hoja de laurel
- 1 lata de Salsa de tomate
- 30 Oz. De Frijoles Blancos
- 1 taza de Zanahorias
- 1 taza de Cebolla
- 2 cucharadas de Aceite de oliva

Instrucciones:

1. Para comenzar, querrás tomar una olla grande y colocar el aceite de oliva a fuego medio. Una vez que esté chisporroteando, puedes saltear las zanahorias, las cebollas y el ajo que has cortado en trozos pequeños.
2. Una vez que estas verduras estén blandas y bien cocidas, agrega el agua, el caldo de verduras, las especias, la salsa de tomate y los frijoles. Cuando los ingredientes estén en su lugar, hierve todo. Una vez que hierva, reduce el fuego y cocina a fuego lento todo durante 15 minutos aproximadamente.

3. Finalmente, agrega la pasta y cocina en la misma olla sin tapar hasta que la pasta esté bien cocida de acuerdo con sus propias instrucciones. Cuando la pasta esté lista, ¡tú plato estará listo para disfrutarlo!

Nutrición:

- Calorías: 520
- Proteína: 50 g
- Grasas: 13 g
- Carbohidratos: 63 g
- Fibras: 6 g

Guiso de lentejas picante

Tiempo de preparación: 40 minutos

Porciones: 6

Ingredientes:

- 3 taza de Hojas de espinaca
- 1 lata de Tomates en cubitos
- 1,50 taza de Lentejas rojas
- 4 taza de Caldo de verduras
- 1 cucharadita de Pimienta de Cayena
- 2 cucharadas de Mezcla de especias
- 1,50 cucharadita de Jengibre
- 3 Dientes de ajo
- 1 Cebolla
- 2 cucharadas de Aceite de oliva
- 0,25 cucharadita de Sal
- 0,25 cucharadita de Pimienta

Instrucciones:

1. Primero, debes tomar una olla grande y colocarla a fuego medio. A medida que la olla comience a calentarse, coloca el aceite de oliva y comienza a saltear la cebolla. Normalmente, esto tardará unos 5 minutos. Una vez que la cebolla esté suave, agrega el jengibre, el ajo, la pimienta de cayena y la mezcla de especias. Revuelve todo en la olla durante 1 minuto más o menos.

2. A continuación, querrás agregar las papas en cubitos, los tomates, las lentejas rojas secas y el caldo de verduras. Querrás revolver todo junto y luego subir el fuego para que pueda llevar la olla a fuego lento. Una vez que todo esté hirviendo, baja el fuego y deja que las lentejas y las papas se cocinen hasta que estén blandas y tiernas. Esto suele llevar unos 30 minutos aproximadamente.

3. Cuando las papas y las lentejas estén cocidas, agrega las espinacas y revuelve con cuidado hasta que las espinacas comiencen a marchitarse. Una vez hecho esto, retira el plato del fuego y sazona con sal y pimienta al gusto. ¡Sirve caliente y disfruta!

Nutrición:

- Calorías: 310
- Proteína: 16 g
- Grasas: 5 g
- Carbohidratos: 51 g
- Fibras: 19 g

Pasta Alfredo con coliflor y frijoles blancos

Tiempo de preparación: 1 hora

Porciones: 4

Ingredientes:

- 10 Oz. De Pasta Integral
- 2 cucharadita de hojuelas de Pimiento Rojo
- 0,50 taza de Hongos
- 0,25 cucharadita de Tomates Secados al Sol
- 3 Hojas de col rizada
- 2 cucharadas de Levadura Nutricional
- 0,25 cucharadita de Pimienta
- 0,25 cucharadita de Sal
- 0,25 cucharadita de Nuez moscada
- 1 Chalota
- 2 cucharadas de Aceite de oliva
- 1,25 taza de Leche de almendras sin azúcar
- 0,50 Coliflor
- 1 Lata de Frijoles Blancos

Instrucciones:

1. En cuanto al primer paso, querrás hacer tu salsa Alfredo. Harás esto cortando tu coliflor en floretes grandes y luego colócala en una olla con agua hirviendo. Cuando la coliflor esté en su lugar, cocínala durante unos 20 minutos o hasta que esté blanda.
2. A medida que la coliflor se cuece en la olla, puedes tomar un sartén y comenzar a calentarla a fuego medio. Una vez que esté tibio, agrega las chalotas y cocínalas hasta que estén ligeramente doradas.
3. Después de cocinar estos 2 ingredientes, colócalos en una licuadora junto con la nuez moscada, la leche y los frijoles. Mezcla todo junto hasta crear una textura cremosa. Si lo deseas, sigue adelante y condimenta todo con pimienta y sal. Si lo deseas, ¡siéntete libre de

condimentar con cualquiera de tus especias favoritas! Si la salsa resulta demasiado espesa, siempre puedes agregar leche o agua según sea necesario.

4. ¡A continuación, es hora de cocinar tus verduras! Para este siguiente paso, deberás tomar el mismo sartén de antes y calentar una cucharada de aceite de oliva a fuego medio. Cuando comience a chisporrotear, agrega los champiñones, los tomates, la col rizada y las hojuelas de pimiento rojo. Saltea la col rizada durante unos 5 minutos. Cuando hayas terminado, retira las verduras del sartén y déjalas a un lado.
5. Finalmente, querrás cocinar tu pasta según el paquete.
6. Con todos tus ingredientes cocinados y listos, ¡es hora de preparar tu comida! Primero, querrás volver a colocar la pasta cocida en la olla. Una vez en su lugar, puedes agregar tus verduras y salsa. Querrás revolver todo bien para que puedas cubrir todo con la salsa de manera uniforme. Con todo en su lugar, baja el fuego y cocina todo hasta que esté tibio. Si es necesario, agrega agua para evitar que la comida se seque. ¡Sirve caliente y disfruta!

Nutrición:

- Calorías: 230
- Proteína: 14 g
- Grasas: 9 g
- Carbohidratos: 32 g
- Fibras: 5 g

Ensalada de quínoa

Tiempo de preparación: 25 minutos

Porciones: 4

Ingredientes:

- 0,50 taza de Semillas de girasol
- 0,25 taza de Tomates teñidos al sol
- 0,25 taza de Perejil
- 0,25 taza de Eneldo fresco
- 1 Limón
- 1 Lata de Garbanzos
- 3 taza de Floretes de brócoli
- 0,25 taza de Cebolla Roja
- 2 cucharadas de Aceite de oliva
- 1 taza de Quínoa seca

Instrucciones:

1. Para comenzar esta receta, primero querrás cocinar tu quínoa de acuerdo con las instrucciones incluidas en el paquete.
2. Una vez que la quínoa esté bien cocida, puedes llevar un sartén a fuego medio. Una vez que el sartén esté tibio, vierte el aceite de oliva y deja que chisporrotee suavemente. Ahora agrega el brócoli y la cebolla morada. Cuando las verduras estén en su lugar, cocínalas durante 5 minutos o hasta que ambas estén blandas.
3. A continuación, debes tomar una ensaladera grande y colocar la quínoa, el eneldo, el perejil, los tomates secos, los garbanzos, la cebolla morada y el brócoli cocido.
4. Para darle más sabor, exprime el jugo de un limón sobre todo en el tazón. Una vez hecho esto, mezcla la ensalada, sazona con sal y pimienta y disfruta de tu comida.

Nutrición:

- Calorías: 460
- Proteína: 17 g

Tofu al curry verde

Tiempo de preparación: 1 hora

Porciones: 4

Ingredientes:

- 1 cucharada de Jugo de lima
- 1 cucharada de Salsa Tamari
- 8 oz. de Castañas de agua
- 1 taza de judías verdes
- 0,50 cucharadita de Sal
- 0,50 taza de Caldo de verduras
- 14 oz. de Leche de coco
- 1 taza de Garbanzos
- 3 cucharadas de Pasta de Curry Verde
- 1 taza de Edamame congelado
- 2 Dientes de ajo
- 1 pulgada de Jengibre
- 1 cucharadita de Aceite de oliva
- 1 Cebolla picada
- 8 oz. De Tofu extra firme
- 1 taza de Arroz Basmati Integral

Instrucciones:

1. Para comenzar, querrás cocinar tu arroz de acuerdo con las instrucciones del paquete. Puedes hacer esto en una olla arrocera o simplemente encima de la estufa.
2. A continuación, querrás preparar tu tofu. Puedes sacar el tofu del paquete y colocarlo en un plato. Una vez en su lugar, coloca otro plato encima y algo pesado para que puedas comenzar a escurrir el tofu. Una vez que esté preparado el tofu, córtalo en cubos de media pulgada.
3. A continuación, toma un sartén mediano y colócalo a fuego medio. A medida que el sartén se calienta, sigue adelante y coloca tu aceite de oliva. Cuando comience a chisporrotear, agrega las

cebollas y cocina hasta que adquieran un bonito color translúcido. Normalmente, este proceso tardará unos 5 minutos. Cuando las cebollas estén listas, agrega el ajo y el jengibre. Cocina los ingredientes durante otros 2 o 3 minutos.

4. Una vez hecho el último paso, agrega tu pasta de curry y edamame. Cocina estos dos ingredientes hasta que el edamame ya no esté congelado.

5. Una vez que estén listos, agrega el tofu en cubos, los garbanzos, el caldo de verduras, la leche de coco y la sal. Cuando todo esté en su lugar, querrás llevar la olla a fuego lento. A continuación, agrega las castañas de agua y las judías verdes y cocina por un total de 5 minutos.

6. Cuando todos los ingredientes estén bien cocidos, puedes retira el sartén del fuego y dividir la comida en tazones. Para darle más sabor, agrega tamari, jugo de limón o salsa de soja. ¡Esta receta es excelente si se sirve sobre arroz o cualquier otro acompañante!

Nutrición:

- Calorías: 760
- Proteína: 23 g
- Grasas: 38 g
- Carbohidratos: 89 g
- Fibras: 9 g

Estofado de proteína de maní africano

Tiempo de preparación: 45 minutos

Porciones: 4

Ingredientes:

- 1 Paquete de Arroz Basmati
- 0,25 taza de manís tostados
- 2 taza de Espinacas tiernas
- 15 Oz. De Garbanzos
- 1,50 cucharadita de Chile en Polvo
- 4 taza de Caldo de verduras
- 0,33 taza de Mantequilla de maní natural
- 0,25 cucharadita de Pimienta
- 0,25 cucharadita de Sal
- 28 oz. de Tomates en cubitos
- 1 Boniato Picado
- 1 Jalapeño en cubitos
- 1 pimentón rojo cortado en cubitos
- 1 Cebolla Dulce
- 1 cucharadita de Aceite de oliva

Instrucciones:

1. Primero, querrás cocinar tu cebolla. Harás esto calentando aceite de oliva en una cacerola grande a fuego medio. Una vez que esté chisporroteando, agrega la cebolla y cocina por 5 minutos más o menos. La cebolla se volverá traslúcida cuando esté bien cocida.
2. Con la cebolla lista, ahora agrega los tomates enlatados, el camote cortado en cubitos, el jalapeño y los pimentones. Cocina a punto de hervir todos estos ingredientes a fuego medio-alto durante unos cinco minutos. Si lo deseas, puedes condimentar estas verduras con sal y pimienta.

3. A medida que se cocinan las verduras, querrás hacer tu salsa. Harás esto tomando un tazón y mezclando una taza de caldo de verduras con la mantequilla de maní. Asegúrate de mezclar bien, para que no queden grumos. Una vez hecho esto, vierte la salsa en la cacerola junto con 3 tazas más de caldo de verduras. En este punto, querrás sazonar el plato con pimienta y chile en polvo.

4. A continuación, cubre tu sartén y reduce a fuego más bajo. Continúa y deja que estos ingredientes hiervan a fuego lento durante unos 10 a 20 minutos. Al final de este tiempo, la papa debe estar tierna.

5. Por último, querrás agregar las espinacas y los garbanzos. Revuelve todo bien para mezclar. Querrás cocinar este plato hasta que las espinacas comiencen a marchitarse. Una vez más, puedes agregar sal y pimienta según sea necesario.

6. Finalmente, sirve tu plato sobre arroz, decora con maní y ¡disfrútalo!

Nutrición:

- Calorías: 440
- Proteína: 16 g
- Grasas: 13 g
- Carbohidratos: 69 g
- Fibras: 12 g

Ensalada de papa y lentejas

Porciones: 2

Tiempo de preparación: 35 minutos

Ingredientes:

- ½ taza de lentejas beluga
- 8 papas alevines
- 1 taza de cebollín, en rodajas finas
- ¼ de taza de tomates cherry, cortados por la mitad
- ¼ de taza de vinagreta de limón
- Sal marina y pimienta negra al gusto

Instrucciones:

1. Lleva dos tazas de agua a hervir a fuego lento en una olla, agregando las lentejas. Cocina de 20 a 25 minutos y luego escurre. Tus lentejas deben estar tiernas.
2. Reduce a fuego lento, cocina durante 15 minutos y luego escurre. Corta las papas a la mitad una vez que estén lo suficientemente frías como para tocarlas.
3. Coloca las lentejas en un plato para servir y luego cubre con cebollín, papas y tomates. Rocía con tu vinagreta y sazona con sal y pimienta.

Datos interesantes:

- Los limones son conocidos popularmente por contener una gran cantidad de vitamina C, pero también son excelentes fuentes de ácido fólico, fibra y antioxidantes.
- Bono: ayuda a reducir el colesterol.
- Bono doble: reduce el riesgo de cáncer y presión arterial alta.

Nutrición:

- Calorías: 400
- Proteína: 7 g
- Grasas: 26 g
- Carbohidratos: 39 g

Ensalada de frijoles negros y maíz con aguacate

Tiempo de preparación: 20 min.

Porciones: 6

Ingredientes:

- 1 y 1/2 tazas de granos de maíz, cocidos y congelados o enlatados
- 1/2 taza de aceite de oliva.
- 1 diente de ajo picado
- 1/3 taza de jugo de lima, fresco
- 1 aguacate (pelado, sin hueso y cortado en cubitos)
- 1/8 de cucharadita pimienta de cayena
- 2 latas de frijoles negros (aproximadamente 15 oz.)
- 6 cebollas verdes en rodajas finas
- 1/2 taza de cilantro fresco picado
- 2 tomates picados
- 1 pimentón morrón rojo picado
- Chile en polvo
- 1/2 cucharadita sal

Instrucciones:

1. En un frasco pequeño, coloca el aceite de oliva, jugo de limón, ajo, pimienta de cayena y sal.
2. Cubre con una tapa; agita hasta que todos los ingredientes debajo del frasco estén bien mezclados.
3. Mezcla las cebollas verdes, maíz, frijoles, pimentón, aguacate, tomates y cilantro en un tazón grande o recipiente de plástico con tapa.
4. Agita el aderezo de lima por segunda vez y transfiérelo sobre los ingredientes de la ensalada.
5. Revuelve la ensalada para cubrir los frijoles y las verduras con el aderezo; cubre y refrigera.
6. Para mezclar los sabores por completo, déjalo reposar un momento o dos.
7. Saca el recipiente del refrigerador de vez en cuando; Agítalo suavemente un par de veces para reorganizar el aderezo.

Nutrición:

- Calorías: 448
- Grasa total: 24,3 g
- Colesterol: 0 mg
- Carbohidratos totales: 50,8 g
- Fibra dietética: 14,3 g
- Proteína: 13,2 g

Ensalada de garbanzos de verano

Porciones: 4

Tiempo de preparación: 15 minutos

Ingredientes:

- 1 ½ tazas de tomates cherry, cortados por la mitad
- 1 taza de pepino inglés, en rodajas
- 1 taza de garbanzos, enlatados, sin sal, escurridos y enjuagados
- ¼ de taza de cebolla morada, rebanada
- 2 cucharadas de aceite de oliva
- 1 ½ cucharada de jugo de limón, fresco
- 1 ½ cucharada de jugo de limón, fresco
- Sal marina y pimienta negra al gusto

Instrucciones:

1. Mezcla todo y revuelve para combinar antes de servir.

Datos interesantes:

- Los garbanzos son muy versátiles y se pueden utilizar fácilmente en una amplia variedad de platos.
- ¡Son famosos por hacer un delicioso hummus!
- Están cargados con 6 gramos de proteína por porción y son fáciles.
- ¡También puedes usar agua de garbanzos como un reemplazo de huevo conocido como aquafaba!

Nutrición:

- Calorías: 145
- Proteína: 4 g
- Grasas: 7,5 g
- Carbohidratos: 16 g

Ensalada de edamame

Porciones: 1

Tiempo de preparación: 15 minutos

Ingredientes:

- ¼ de taza de cebolla morada picada
- 1 taza de granos de maíz, frescos
- 1 taza de frijoles Edamame, sin cáscara y descongelados
- 1 pimentón rojo picado
- 2-3 cucharadas de jugo de lima, fresco
- 5-6 hojas de albahaca, frescas y en rodajas
- 5-6 hojas de menta, frescas y en rodajas
- Sal marina y pimienta negra al gusto

Instrucciones:

1. Coloca todo en un frasco de vidrio y luego sella bien el frasco. Agita bien antes de servir.

Datos interesantes:

- El maíz entero es una fuente fantástica de fósforo, magnesio y vitaminas B.
- También promueve una digestión saludable y contiene antioxidantes saludables para el corazón.
- Es importante buscar maíz orgánico para evitar todos los productos modificados genéticamente que están en el mercado.

Nutrición:

- Calorías: 299
- Proteína: 20 g
- Grasas: 9 g
- Carbohidratos: 38 g

Ensalada de aceitunas e hinojo

Porciones: 3

Tiempo de preparación: 5 minutos

Ingredientes:

- 6 cucharadas de aceite de oliva
- 3 bulbos de hinojo, recortados en cuartos
- 2 cucharadas de perejil, fresco y picado
- 1 limón, jugo y rallado
- 12 aceitunas negras
- Sal marina y pimienta negra al gusto

Instrucciones:

1. Engrasa tu bandeja para hornear y luego coloca el hinojo en ella. Asegúrate de que el lado cortado esté hacia arriba.
2. Mezcla la ralladura de limón, el jugo de limón, la sal, la pimienta y el aceite, vertiéndolo sobre el hinojo.
3. Espolvorea tus aceitunas encima y hornea a 400°F.
4. Sirve con perejil.

Datos interesantes:

- Este aceite es la principal fuente de grasa dietética en una variedad de dietas. Contiene muchas vitaminas y minerales que contribuyen a reducir el riesgo de accidentes cerebrovascular y reducen el colesterol y la presión arterial alta y también pueden ayudar a perder peso. Es mejor consumirlo frío, ya que cuando se calienta puede perder algunas de sus propiedades nutritivas (aunque aún es bueno para cocinar, el extra virgen es mejor), ¡muchos recomiendan tomar un trago de aceite de oliva frío todos los días!
- Bono: si no te gusta el sabor o la textura, agrega un trago a tu batido

Nutrición:

- Calorías: 331
- Proteína: 3 g
- Grasas: 29 g

- Carbohidratos: 15 g

Sándwich picante de garbanzos

Tiempo de preparación: 20 minutos
Porciones: 4
Ingredientes:

- 1/4 de taza de pasas
- 1/2 taza de hojas de espinaca
- 1/2 taza de cebolla roja
- 1/2 taza de pimiento rojo
- 1/2 cucharada de comino molido
- 1/4 de cucharada de cúrcuma
- 1 cucharada de polvo Garam Masala
- 2 cucharadas de aceite de
- 1 ajo
- 14 oz. garbanzos
- 4 cucharadas de cilantro fresco
- 1/4 cucharada de sal
- 8 rebanadas de pan

Instrucciones:

1. Para empezar, querrás sacar tu licuadora. Cuando esté listo, agrega los garbanzos, el aceite de oliva, el jugo de un limón y el diente de ajo. Licua todo junto hasta que los ingredientes formen una pasta grumosa.
2. Con la pasta de garbanzos hecha, transfiérela a un bol y mezcla el comino en polvo, la cúrcuma y el curry en polvo. Revuelve bien todo para asegurarte de que no queden trozos en la pasta de garbanzos.
3. A continuación, agrega la cebolla picada y el pimiento rojo a la pasta. En este punto, también puede agregar el cilantro picado y las pasas. Si lo deseas, siéntete libre de sazonar con sal y jugo de limón en este punto también.
4. Finalmente, toma tu pan, unta la mezcla de garbanzos, cubre con algunas hojas de espinaca y disfruta de un buen sándwich lleno de proteínas.

Nutrición:

- Calorías: 280
- Proteínas: 8 g
- Grasas: 8 g

- Carbohidratos: 48 g
- Fibras: 8 g

Chili de frijoles negros y calabaza

Tiempo de preparación: 1 hora

Porciones: 4

Ingredientes:

- 1 lata de garbanzos
- 1 lata de frijoles negros
- 1 taza de caldo de verduras
- 1 taza de tomates
- 1 taza de puré de calabaza
- 1 cebolla picada
- 1 cucharada de aceite de oliva
- 2 cucharadas de chile en polvo
- 1 cucharada de comino en polvo
- 1/4 de cucharada de sal
- 1/4 de cucharada de pimienta

Instrucciones:

1. Para comenzar, querrás colocar una olla grande a fuego medio. Cuando la olla se caliente, coloca el aceite de oliva, el ajo y la cebolla picada en el fondo. Deja que esta mezcla se cocine durante unos cinco minutos o hasta que la cebolla esté blanda.
2. En este punto, ahora querrás agregar los garbanzos, los frijoles negros, el caldo de verduras, los tomates enlatados y la calabaza. Si no tienes caldo de verduras a mano, también puede usar agua.
3. Con los ingredientes en su lugar, agrega la mitad del chile en polvo, la mitad del comino y la sal y pimienta a tu gusto. Una vez que las especias estén en su lugar, dale al chile una probada rápida y agrega más según sea necesario.
4. Ahora, hierve y revuelva todos los ingredientes para asegurarse de que las especias se esparzan uniformemente por todo el plato.
5. Por último, lleva la olla a fuego lento y cocina todo durante unos veinte minutos. Cuando terminen los veinte minutos, retira la olla del fuego y ¡Disfruta!

Nutrición:

- Calorías: 390
- Proteínas: 19 g
- Grasas: 8 g

- Carbohidratos: 65 g
- Fibras: 21 g

Sopa matcha y tofu

Tiempo de preparación: 1 hora

Porciones: 4

Ingredientes:
- 1/2 taza de caldo de verduras
- 1 paquete de tofu extra firme
- 15 oz. de leche de coco ligera
- 5 taza de col rizada
- 1/4 de cucharada de ajo en polvo
- 1/4 de cucharada de paprika ahumada
- 1/4 de cucharada de pimienta negra molida
- 1 cucharada de mirin
- 2 cucharada de salsa de soja
- 1 taza de cilantro
- 2 cucharadas de polvo matcha
- 4 tazas de caldo de verduras
- 1/4 de cucharada de pimienta negra molida
- 1/4 de cucharada de pimienta de cayena
- 3 ajos picado
- 1 papa picada
- 1 cebolla picada

Instrucciones:
1. Para empezar, querrás colocar una olla grande a fuego medio. A medida que la olla se calienta, Agrega un chorrito de caldo de verduras al fondo y comienza a cocinar la papa y la cebolla picadas. Por lo general, tomará de ocho a diez minutos hasta que estén suaves y agradables. Cuando las verduras estén listas, puedes agregar la pimienta negra, la pimienta de cayena, el jengibre y el ajo. Saltea estos ingredientes por un minuto más.
2. Cuando estas verduras estén preparadas, puedes agregar la col rizada y cocinar por unos minutos más. Una vez que la col rizada comience a marchitarse, Agrega el resto del caldo de verduras y hierve la sopa. Una vez que hierva, reduce el fuego, tapa la olla y cocina a fuego lento todos los ingredientes durante treinta minutos. Después de quince minutos, retira la tapa para que puedas agregar el matcha y el cilantro.

3. Una vez pasados los treinta minutos, retira la olla del fuego y deja que la sopa se enfríe un poco. Una vez fría, coloca la mezcla en una licuadora y agrega suavemente la leche de coco. Licua la sopa a fuego alto hasta obtener una consistencia suave y sedosa.
4. Finalmente, cocina tu tofu según tus preferencias. Asegúrate de cortar el tofu en cubos y dorar por todos lados. Una vez cocido, coloca el tofu en tu sopa y ¡Disfrútalo!

Nutrición:
- Calorías: 450
- Proteínas: 20 g
- Grasas: 32 g
- Carbohidratos: 27 g
- Fibras: 7 g

Sopa de tomate y camote

Tiempo de preparación: 1 hora

Porciones: 4

Ingredientes:
- 1 litro de caldo de agua o verduras
- 2 cucharadas de puré de tomate
- 2 ajo
- 1 cebolla picada
- 1 taza de lentejas rojas
- 3 zanahorias picadas
- 1 boniato picado
- 1/4 de cucharada de sal
- 1/4 de cucharada de chile en polvo pimienta
- 1/2 cucharada de chile en polvo jengibre
- 1/2 cucharada de chile en polvo

Instrucciones:
1. Primero, vamos a preparar las verduras para esta receta. Harás esto precalentando tu horno a 350°F. Mientras el horno se calienta, querrás pelar y cortar tanto el camote como las zanahorias. Una vez preparadas, colócalas en una bandeja para horno y rocíalas con aceite de oliva. También puede agregar sal y pimienta si lo deseas. Cuando esté listo, coloca la bandeja en el horno durante cuarenta minutos. Al final, las verduras deben estar suaves y agradables.
2. A medida que el camote y las zanahorias se hornean en el horno, coloca una sartén mediana a fuego medio y comienza a cocinar el ajo y la cebolla. Después de unos cinco minutos, querrás agregar las lentejas cocidas, el tomate y las especias de la lista anterior. Al final, las lentejas deben estar blandas.
3. Finalmente, agrega todos los ingredientes en una licuadora y licúa hasta que la sopa esté perfectamente suave.

Nutrición:
- Calorías: 350
- Proteínas: 16g
- Grasas: 11g
- Carbohidratos: 48g
- Fibras: 19g

Sándwich de tofu picante al horno

Tiempo de preparación: 45 minutos

Porciones: 4

Ingredientes:

- 8 panes integrales
- 1 cucharada de jarabe de arce
- 1 cucharada de pasta de miso blanco
- 1 cucharada de pasta de tomate
- 1 pizca de humo líquido
- 1 cucharada de salsa de soja
- 1/2 cucharada de paprika
- 1 cucharada de chipotles en adobo
- 1 taza de caldo de verduras
- 16 oz. tofu
- 1 tomate
- 1/4 de taza de cebolla roja picada
- 1 pizca de tabasco
- 1 lima
- 1/4 de cucharada de comino
- 1/4 de cucharada de chile en polvo
- 1/4 de cucharada de cilantro
- 1 aguacate
- 1/4 de cucharada de pimienta negra molida
- 2 ajos

Instrucciones:

1. Para prepararte para esta receta, querrás preparar tu tofu la noche anterior. Para comenzar, querrás presionar el tofu durante unas horas. Una vez hecho esto, corta el tofu en ocho rodajas y luego colócalas en el congelador.
2. Cuando esté listo, es el momento de hacer la marinada para el tofu. Para hacer esto, toma un tazón y mezcla el caldo de verduras, la pasta de tomate, el jarabe de arce y todas las especias de la lista anterior. Asegúrate de mezclar todo para que las especias se esparzan por el caldo de verduras. Una vez que esté mezclado, agrega las rodajas de tofu descongeladas y déjalas en remojo durante unas horas.

3. Una vez que el tofu esté marinado, calienta tu horno a 425°F. Cuando el horno esté tibio, coloca el tofu en una bandeja para hornear y colócalo en el horno durante veinte minutos. Al final de este tiempo, el tofu debe quedar agradable y crujiente en la parte superior y los bordes.
4. Cuando su tofu esté cocido a su gusto, colócalo sobre tus rebanadas de pan con tus ingredientes favoritos. ¡Este sándwich se puede disfrutar frío o caliente!

Nutrición:
- Calorías: 390
- Proteínas: 21 g
- Grasas: 16 g
- Carbohidratos: 49 g
- Fibras: 11 g

Salteado de vegetales

Tiempo de preparación: 45 minutos

Porciones: 3

Ingredientes:

- 1/2 Calabacín
- 1/2 Pimiento rojo
- 1/2 Brócoli
- 1 taza de col roja
- 1/2 taza de arroz integral
- 2 cucharadas de Salsa Tamari
- 1 Ají rojo
- 1/4 de cucharada de Perejil fresco
- 4 Ajos
- 2 cucharadas de Aceite de oliva
- Opcional: semillas de sésamo

Instrucciones:

1. Para comenzar, querrás cocinar su arroz integral de acuerdo con las instrucciones que vienen en el paquete. Una vez hecho este paso, coloca el arroz integral en un bol y déjalo a un lado.
2. A continuación, querrás tomar una sartén y colocar un poco de agua en el fondo. Lleva la sartén a fuego medio y luego Agrega las verduras picadas. Una vez en su lugar, cocina las verduras durante cinco minutos o hasta que estén tiernas.
3. Cuando las verduras estén bien cocidas, deberás agregar el perejil, la pimienta de cayena en polvo y el ajo. Querrás cocinar esta mezcla durante un minuto más o menos. Asegúrate de revolver los ingredientes para que nada se pegue al fondo de tu sartén.
4. Ahora, agrega el arroz y el tamari a su sartén. Cocinarás esta mezcla por unos minutos más o hasta que todo esté bien caliente.
5. Para darle más sabor, ¡Intente agregar semillas de sésamo antes de disfrutar de tu almuerzo! Si tienes sobras, puedes guardar este salteado en un recipiente sellado durante unos cinco días en tu refrigerador.

Nutrición:

- Calorías: 280
- Proteínas: 10 g
- Grasas: 12 g

- Carbohidratos: 38 g
- Fibras: 6 g

Bol proteico de col rizada

Tiempo de preparación: 30 minutos
Porciones: 2
Ingredientes:
- 3/4 de taza de agua
- 1 cucharada de sirope de arce
- 2 cucharadas de cúrcuma
- 1/2 cucharada de jengibre molido
- 2 cucharadas de jengibre molido
- 2 cucharadas de aminos de coco
- 2 cucharadas de zumo de lima
- 1/2 de taza de tahini
- 1/4 de taza de semillas de cáñamo
- 4 oz. de tempeh
- 2 tazas de brócoli
- 3 tazas de col rizada
- 1 ajo picado
- 1 cucharada de aceite de coco
- 1 taza de quinua

Instrucciones:
1. Antes de armar tu bol, querrás hacer tu quinua. Coloca tu quinua con dos tazas de agua en una olla. Una vez en su lugar, lleva la olla a ebullición y reduce el fuego. Deja que la quinua hierva a fuego lento durante quince minutos o hasta que se acabe toda el agua de la olla. Al final, la quinua quedará agradable y esponjosa.
2. Una vez que la quinua esté cocida, toma una cacerola pequeña y comienza a derretir el aceite de coco. Cuando el aceite comience a chisporrotear, coloca la cebolla roja, el tempeh, el brócoli, la col rizada y el ajo. Cocina todo junto durante unos cinco minutos. Al final, las verduras deben estar bien cocidas y tiernas.
3. Ahora, reparte la quinua en dos o tres tazones. Una vez en su lugar, puedes cubrir la quinua con las verduras cocidas. Para darle más sabor, rocía tahini por encima y espolvorea semillas de cáñamo crudas. ¡Disfruta!

Nutrición:
- Calorías: 920

- Proteínas: 38 g
- Grasas: 48 g
- Carbohidratos: 95 g
- Fibras: 16 g

Recetas de ensaladas

Camote y frijoles negros proteicos

Porciones: 2
Tiempo de preparación: 15 minutos.
Ingredientes:
- 1 taza de frijoles negros secos
- 4 tazas de espinaca
- 1 camote mediano
- 1 taza de cebolla morada (picada)
- 2 cucharadas de aceite de oliva
- 2 cucharadas de jugo de lima
- 1 cucharada de ajo molido
- ½ cucharada de chile en polvo
- ¼ de cucharadita de pimienta de cayena
- ¼ taza de perejil
- Sal y pimienta para probar

Instrucciones:
1. Prepara los frijoles negros según el método.
2. Precalienta el horno a 400°F/200°C.
3. Corta el camote en cubos de ¼ de pulgada y colócalas en un tazón mediano. Agrega las cebollas, 1 cucharada de aceite de oliva y sal al gusto.
4. Mezcla los ingredientes hasta que las batatas y las cebollas estén completamente cubiertas.
5. Transfiere los ingredientes a una bandeja para hornear forrada con papel pergamino y extiéndelos en una sola capa.
6. Coloca la bandeja para hornear en el horno y asa hasta que las batatas comiencen a ponerse doradas y crujientes, alrededor de 40 minutos.

7. Mientras tanto, combina bien el aceite de oliva restante, el jugo de lima, el ajo, el chile en polvo y la pimienta de cayena en un tazón grande, hasta que no queden grumos.
8. Retira las batatas y las cebollas del horno y transfiéralas al tazón grande.
9. Agrega los frijoles negros cocidos, el perejil y una pizca de sal.
10. Mezcla todo hasta que esté bien combinado.
11. Luego mezcla las espinacas y sirve en las porciones deseadas con sal y pimienta adicionales.
12. ¡Almacena o disfruta!

Nutrición:
- Calorías: 370
- Carbohidratos: 48,8 g
- Grasas: 14,5 g
- Proteínas: 11,4 g
- Fibra: 10,6 g
- Azúcar: 8,6 g

Ensalada veraniega

Porciones: 2
Tiempo de preparación: 10 minutos.
Ingredientes:
Vendaje:
- 1 cucharada de aceite de oliva
- ¼ de taza de albahaca picada (como alternativa, usa perejil)
- 1 cucharadita jugo de limón
- Sal al gusto
- 1 aguacate mediano (cortado por la mitad, en cubitos)—usa la mitad para la ensalada
- ¼ de taza de agua

Ensalada:
- ¼ taza de garbanzos secos
- ¼ taza de frijoles rojos secos
- 4 tazas de col rizada cruda (rallada)
- 2 tazas de coles de Bruselas (ralladas)
- 2 rábanos (en rodajas finas)
- 1 cucharada de nueces (picadas)
- 1 cucharadita semillas de lino
- Sal y pimienta para probar

Instrucciones:
1. Prepara los garbanzos y las alubias según el método.
2. Remoja las semillas de lino según el método y luego drena el exceso de agua.
3. Prepara el aderezo agregando el aceite de oliva, la albahaca, el jugo de limón, la sal y la mitad del aguacate a un procesador de alimentos o licuadora y licúa a velocidad baja.
4. Sigue agregando pequeñas cantidades de agua hasta que el aderezo esté cremoso y suave.
5. Transfiere el aderezo a un tazón pequeño y déjalo a un lado.
6. Combina la col rizada, las coles de Bruselas, los garbanzos cocidos, los frijoles, los rábanos, las nueces y el aguacate restante en un tazón grande y mezcla bien.
7. Guarda la mezcla o sírvela con el aderezo y las semillas de lino, ¡Y disfruta!

Nutrición:
- Calorías: 371
- Carbohidratos: 33,3 g

- Grasas: 20,8 g
- Proteínas: 12,3 g
- Fibra: 18,7 g
- Azúcar: 5,4 g

Ensalada proteica de almendras tostadas

Porciones: 4

Tiempo de preparación: 30 minutos.

Ingredientes:

- ½ taza de quinua seca
- ½ taza de frijoles blancos secos
- ½ taza de garbanzos secos
- ½ taza de almendras enteras crudas
- 1 cucharadita aceite de oliva extra virgen
- ½ cucharadita sal
- ½ cucharadita paprika
- ½ cucharadita pimienta de cayena
- Una pizca de chile en polvo
- 4 tazas de espinacas (frescas o congeladas, alternativamente use verduras mixtas)
- ¼ de taza de cebolla morada (picada)

Instrucciones:

1. Prepara la quinua según la receta. Guárdala en la nevera por ahora.
2. Prepara los frijoles según el método. Guárdalos en el frigorífico por ahora.
3. Mezcla las almendras, el aceite de oliva, la sal y las especias en un tazón grande y revuelva hasta que los ingredientes estén cubiertos de manera uniforme.
4. Pon una sartén a fuego medio-alto y transfiere la mezcla de almendras a la sartén caliente.
5. Asa mientras revuelves hasta que las almendras se doren, alrededor de 5 minutos. Es posible que escuches los ingredientes estallar y crujir en la sartén mientras se calientan. Revuelve con frecuencia para evitar quemaduras.
6. Apaga el fuego y mezcla la quinua y los frijoles cocidos y refrigerados, las cebollas y las espinacas o las verduras mixtas en la sartén. Revuelve bien antes de transferir la ensalada de almendras asadas a un tazón.
7. Disfruta de la ensalada con un aderezo de su elección o guárdala para más tarde.

Nutrición:

- Calorías: 206
- Carbohidratos: 25 g
- Grasas: 7,4 g
- Proteínas: 10 g

- Fibra: 7,3 g
- Azúcar: 1,1 g

Ensalada proteica y energética de colores

Porciones: 2

Tiempo de preparación: 20 minutos.

Ingredientes:

- ½ taza de quinua seca
- 2 tazas de frijoles blancos secos
- 1 cebolla verde (picada)
- 2 cucharaditas ajo (picado)
- 3 tazas de repollo verde o morado (picado)
- 4 tazas de col rizada (fresca o congelada, picada)
- 1 taza de zanahoria rallada (picada)
- 2 cucharadas de aceite de oliva virgen extra
- 1 cucharadita jugo de limón
- Sal y pimienta para probar

Instrucciones:

1. Prepara la quinua según la receta.
2. Prepara los frijoles según el método.
3. Calienta 1 cucharada de aceite de oliva en una sartén a fuego medio.
4. Agrega la cebolla verde picada, el ajo y el repollo, y saltea durante 2–3 minutos.
5. Agrega la col rizada, la cucharada restante de aceite de oliva y la sal. Baja el fuego y cubre hasta que las verduras se hayan marchitado, alrededor de 5 minutos. Retira la sartén del fuego y déjala a un lado.
6. Toma un tazón grande y mezcla los ingredientes restantes con la mezcla de col rizada y repollo una vez que se haya enfriado. Agrega más sal y pimienta al gusto.
7. Mezcla hasta que todo esté distribuido uniformemente.
8. ¡Sirve cubierto con un aderezo o guárdalo para más tarde!

Nutrición:

- Calorías: 487
- Carbohidratos: 64,8 g
- Grasas: 15,5 g
- Proteínas: 22,3 g
- Fibra: 17,4 g
- Azúcar: 6 g

Ensalada de cítricos con edamame y jengibre

Porciones: 3

Tiempo de preparación: 15 minutos.

Ingredientes:

Vendaje:

- ¼ de taza de jugo de naranja
- 1 cucharadita jugo de lima
- ½ cucharada de jarabe de arce (como alternativa, usa un sustituto dulce)
- ½ cucharadita jengibre, finamente picado
- ½ cucharada. aceite de sésamo

Ensalada:

- ½ taza de lentejas verdes secas
- 2 tazas de zanahorias (ralladas)
- 4 tazas de col rizada (fresca o congelada, picada)
- 1 taza de edamame (sin cáscara)
- 1 cucharada de semillas de sésamo tostadas
- 2 cucharaditas menta (picada)
- Sal y pimienta para probar
- 1 aguacate pequeño (pelado, sin hueso, cortado en cubitos)

Instrucciones:

1. Prepara las lentejas según el método.
2. Combina los jugos de naranja y lima, el jarabe de arce y el jengibre en un tazón pequeño. Mezcla con un batidor mientras agregas lentamente el aceite de sésamo.
3. Agrega las lentejas cocidas, las zanahorias, la col rizada, el edamame, las semillas de sésamo y la menta en un tazón grande.
4. Agrega el aderezo y revuelve bien hasta que todos los ingredientes estén cubiertos de manera uniforme.
5. Guarda o sirve cubierto con aguacate y una pizca adicional de menta.

Nutrición:

- Calorías: 316
- Carbohidratos: 38,9 g
- Grasas: 11,4 g
- Proteínas: 14,4 g

- Fibra: 15,4 g
- Azúcar: 10,4 g

Ensalada taco tempeh

Porciones: 3

Tiempo de preparación: 25 minutos.

Ingredientes:
- 1 taza de frijoles negros secos
- 1 paquete de 8 oz. de tempeh
- 1 cucharada de jugo de lima o limón
- 2 cucharadas de aceite de oliva virgen extra
- 1 cucharadita miel de maple
- ½ cucharadita chile en polvo
- ¼ de cucharadita comino
- ¼ de cucharadita paprika
- 1 manojo grande de col rizada (fresca o congelada, picada)
- 1 aguacate grande (pelado, sin hueso, cortado en cubitos)
- ½ taza de salsa
- Sal y pimienta para probar

Instrucciones:
1. Prepara los frijoles según el método.
2. Corta el tempeh en cubos de ¼ de pulgada, colócalos en un tazón y luego agrega el jugo de lima o limón, 1 cucharada de aceite de oliva, jarabe de arce, chile en polvo, comino y paprika.
3. Revuelve bien y deje marinar el tempeh en el refrigerador durante al menos 1 hora, hasta 12 horas.
4. Calienta la cucharada restante de aceite de oliva en una sartén a fuego medio.
5. Agrega la mezcla de tempeh marinado y cocina hasta que esté dorado y crujiente por ambos lados, alrededor de 10 minutos.
6. Pon la col rizada picada en un bol con los frijoles cocidos y el tempeh preparado.
7. Guarda o sirve la ensalada inmediatamente, cubre con salsa, aguacate y sal y pimienta al gusto.

Nutrición:
- Calorías: 441
- Carbohidratos: 36,3 g
- Grasas: 23 g
- Proteínas: 22,4 g
- Fibra: 17,6 g

- Azúcar: 4,1 g

Postres y bocadillos

Pudín de mango rico

Tiempo de preparación: 5 minutos.

Porciones: 6

Ingredientes:

- 450g de mango fresco
- 115 ml de leche de coco entera
- 110 g de proteína en polvo vegana con sabor a vainilla
- 45g de semillas de chía
- 30 ml de jarabe de arce
- 290 ml de agua
- 10 ml de jugo de lima recién exprimido

Instrucciones:

1. Combina todos los ingredientes en una licuadora.
2. Licua a velocidad alta hasta que quede suave. Ajusta el sabor como desees.
3. Divide la mezcla entre seis tazas de postre y refrigera por 30 minutos.
4. Sirve después.

Nutrición:

- Calorías: 209
- Grasa total: 7 g
- Carbohidratos totales: 22,1 g
- Fibra dietética: 3,8 g

- Azúcares totales: 14,6 g
- Proteína: 14,6 g

Donas ricas en proteínas

Tiempo de preparación: 5 minutos.

Tiempo de cocción: 20 minutos.

Porciones: 10 donas, 2 por ración

Ingredientes:

- 85 g de harina de coco
- 110g de proteína de arroz integral en polvo con sabor a vainilla
- 25 g de harina de almendras
- 50 g de azúcar de arce
- 30 ml de aceite de coco derretido
- 8 g de levadura en polvo
- 115 ml de leche de soja
- ½ cucharadita de vinagre de sidra de manzana
- ½ cucharadita de pasta de vainilla
- ½ cucharadita de canela
- 30 ml de puré de manzana orgánico

Adicional:

- 30 g de azúcar de coco en polvo
- 10 g de canela

Instrucciones:

1. En un bol, combina todos los ingredientes secos.
2. En un recipiente aparte, bate la leche con puré de manzana, aceite de coco y vinagre de sidra.
3. Agrega los ingredientes húmedos en los secos y revuelve hasta que se mezclen bien.
4. Calienta el horno a 180°C / 350°F y engrasa un molde para donas de 10 agujeros.
5. Vierte la masa preparada en un molde para donas engrasado.
6. Hornea durante 15 a 20 minutos.
7. Mientras las donas aún están calientes, espolvorea con azúcar de coco y canela.
8. Sirve caliente.

Nutrición:

- Calorías: 270
- Grasa total: 9,3 g
- Carbohidratos totales: 28,4 g
- Fibra dietética: 10,2 g
- Azúcares totales: 10,1 g
- Proteína: 20,5 g

Helado suave de cacao

Tiempo de preparación: 10 minutos.

Porciones: 2

Ingredientes:

- 2 bananas, congeladas (córtelos antes de congelar)
- 15 ml de leche de soja
- 15 g de cacao crudo en polvo
- 15 g de mantequilla de maní
- 5 ml de jarabe de arce
- 30 g de proteína de arroz integral con chocolate en polvo
- 10g de semillas de cacao, para decorar
- 20g de almendras trituradas

Instrucciones:

1. Combina la banana, leche de soja, cacao en polvo, mantequilla de maní, jarabe de arce y proteína en polvo en un procesador de alimentos.
2. Procesa hasta que quede suave.
3. Divide el helado en dos platos hondos.
4. Espolvorea con semillas de cacao y almendras trituradas.
5. Sirve.

Nutrición:

- Calorías: 297
- Grasa total: 11,3 g
- Carbohidratos totales: 40,6 g
- Fibra dietética: 9,3 g
- Azúcares totales: 17,9g
- Proteína: 18,8 g

Bolitas de lentejas

Tiempo de preparación: 10 minutos.

Porciones: 16 bolas, 2 por ración

Ingredientes:

- 150g de lentejas verdes cocidas
- 10 ml de aceite de coco
- 5 g de azúcar de coco
- 180g de avena de cocción rápida
- 40 g de coco sin azúcar, rallado
- 40 g de semillas de calabaza crudas
- 110 g de mantequilla de maní
- 40 ml de jarabe de arce

Instrucciones:

1. Combina todos los ingredientes en un tazón grande, como se indica.
2. Forma 16 bolitas con la mezcla.
3. Coloca las bolas en un plato, forrado con papel pergamino.
4. Refrigera 30 minutos.
5. Sirve.

Nutrición:

- Calorías: 305
- Grasa total: 13,7 g
- Carbohidratos totales: 35,4 g
- Fibra dietética: 9,5 g
- Azúcares totales: 6,3 g

- Proteína: 12,6 g

Granola hecha en casa

Tiempo de preparación: 10 minutos.

Tiempo de cocción: 24 minutos.

Porciones: 8

Ingredientes:

- 270 g de hojuelas de avena
- 100 g de copos de coco
- 40 g de semillas de calabaza
- 80 g de semillas de cáñamo
- 30 ml de aceite de coco
- 70 ml de jarabe de arce
- 50 g de bayas de Goji

Instrucciones:

1. Combina todos los ingredientes en una bandeja para hornear grande.
2. Precalienta el horno a 180°C / 350°F.
3. Hornea la granola durante 12 minutos. Retira del horno y revuelve.
4. Hornea por 12 minutos más.
5. Sirve a temperatura ambiente.

Nutrición:

- Calorías: 344
- Grasa total: 17,4 g
- Carbohidratos totales: 39,7 g
- Fibra dietética: 5,8 g
- Azúcares totales: 12,9 g

- Proteína: 9,9 g

Tazas de quínoa con mantequilla de maní

Tiempo de preparación: 10 minutos.

Porciones: 6

Ingredientes:

- 120 g de quínoa inflada
- 60 g de mantequilla de maní suave
- 40 g de mantequilla de coco
- 30 ml de aceite de coco
- 25 ml de jarabe de arce
- 5 ml de extracto de vainilla

Instrucciones:

1. Combina la mantequilla de maní, la mantequilla de coco y el aceite de coco en un recipiente apto para microondas.
2. Cocina en el microondas a temperatura alta hasta que se derrita, en intervalos de 40 segundos.
3. Agrega la quínoa inflada. Revuelve suavemente para combinar.
4. Divide la mezcla entre 12 cajas de papel.
5. Coloca en el congelador durante 1 hora.
6. Sirve.

Nutrición:

- Calorías: 231
- Grasa total: 14,7 g
- Carbohidratos totales: 21,2 g
- Fibra dietética: 3 g
- Azúcares totales: 4,7 g
- Proteína: 6,3 g

Pudín de chía y soja

Tiempo de preparación: 5 minutos.

Porciones: 2

- 45 g de mantequilla de almendras
- 15 ml de sirope de arce
- ¼ de cucharadita de pasta de vainilla
- 235 ml de leche de soja
- 45g de semillas de chía
- 1 plátano pequeño, en rodajas
- 10g de almendras trituradas

Instrucciones:

1. Combina la mantequilla de almendras, el jarabe de arce, la vainilla y la leche de soja en un frasco.
2. Agrega las semillas de chía y revuelve.
3. Cubre y refrigera 3 horas.
4. Después de 3 horas, abre el frasco.
5. Cubre el pudín de chía con plátano y almendras trituradas.
6. Sirve.

Nutrición:

- Calorías: 298
- Grasa total: 13,8 g
- Carbohidratos totales: 37.2g
- Fibra dietética: 10,8 g
- Azúcares totales: 17,4g
- Proteínas: 10.1g

Galletas verdes dulces

Tiempo de preparación: 10 minutos.
Tiempo de cocción: 30 minutos.
Porciones: 12 galletas, 3 por porción
Ingredientes:

- 165 g de guisantes verdes
- 80g de dátiles Medjool picados
- 60 g de tofu sedoso, triturado
- 100 g de harina de almendras
- 1 cucharadita de levadura en polvo
- 12 almendras

Instrucciones:

1. Precalienta el horno a 180°C/350°F.
2. Combina los guisantes y los dátiles en un procesador de alimentos.
3. Procesa hasta que se forme una pasta espesa.
4. Transfiere la mezcla de guisantes a un tazón. Agrega el tofu, la harina de almendras y el polvo de hornear.
5. Forma 12 bolitas con la mezcla.
6. Coloca las bolas en una bandeja para hornear, forrada con papel pergamino. Aplana cada bola con la palma engrasada.
7. Inserta una almendra en cada galleta. Hornea las galletas durante 25–30 minutos o hasta que estén ligeramente doradas.
8. Deja enfriar sobre una rejilla antes de servir.

Nutrición:

- Calorías: 221
- Grasa total: 10,3 g
- Carbohidratos totales: 26.2g
- Fibra dietética: 6g

- Azúcares totales: 15.1g
- Proteínas: 8.2g

Mousse de chocolate y naranja

Tiempo de preparación: 10 minutos.

Porciones: 4

Ingredientes:

- 450 g de frijoles negros, enjuagados y escurridos
- 55 g de dátiles, sin hueso, remojados en agua durante 15 minutos
- 30 ml de aceite de coco
- 110 ml de sirope de arce
- 60 ml de leche de soja
- 1 naranja, rallada

Instrucciones:

1. Coloca el frijol negro en un procesador de alimentos.
2. Agrega los dátiles escurridos y procesa hasta que quede suave.
3. Agrega aceite de coco, jarabe de arce y leche de soja. Procesa durante 1 minuto.
4. Finalmente, agrega la ralladura de limón.
5. Vierte la mezcla en cuatro tazones de postre.
6. Deja enfriar durante 1 hora antes de servir.

Nutrición:

- Calorías: 375
- Grasa total: 8g
- Carbohidratos totales: 68,5 g
- Fibra dietética: 12,1 g
- Azúcares totales: 35,9g
- Proteínas: 11,3g

Natillas de mango tofu fácil

Tiempo de preparación: 5 minutos.

Porciones: 2

Ingredientes:
- 100 g de puré de mango
- 300 g de tofu suave
- 15 ml de zumo de lima
- 15 ml de sirope de arce

Instrucciones:
1. Combina todos los ingredientes en una licuadora.
2. Licua hasta que quede cremoso.
3. Divide en dos tazones para servir.
4. Refrigera 30 minutos.
5. Sirve.

Nutrición:
- Calorías: 148
- Grasa total: 5.8g
- Carbohidratos totales: 17g
- Fibra dietética: 1.1g
- Azúcares totales: 13,9g
- Proteínas: 10,2g

Masa de galleta de garbanzos

Tiempo de preparación: 10 minutos.

Porciones: 4

Ingredientes:

- 400 g de garbanzos enjuagados, escurridos
- 130 g de mantequilla de maní suave
- 10 ml de extracto de vainilla
- ½ cucharadita de canela
- 10 g de semillas de chía
- 40 g de chispas de chocolate vegano oscuro de calidad

Instrucciones:

1. Escurre los garbanzos en un colador.
2. Quita la piel de los garbanzos.
3. Coloca los garbanzos, la mantequilla de maní, la vainilla, la canela y la chía en una licuadora.
4. Mezcla hasta que esté suave.
5. Agrega las chispas de chocolate y divide entre cuatro tazones para servir.
6. Sirve.

Nutrición:

- Calorías: 376
- Grasa total: 20,9 g
- Carbohidratos totales: 37.2 g
- Fibra dietética: 7.3 g
- Azúcares totales: 3.3 g
- Proteínas: 14,2 g

Barras de banana

Tiempo de preparación: 10 minutos.
Tiempo de cocción: 30 minutos.
Porciones: 8
Ingredientes:

- 130 g de mantequilla de maní suave
- 60 ml de sirope de arce
- 1 banana, machacada
- 45 ml de agua
- 15 g de semillas de lino molidas
- 95 g de quinua cocida
- 25 g de semillas de chía
- 5 ml de vainilla
- 90 g de avena de cocción rápida
- 55 g de harina integral
- 5 g de levadura en polvo
- 5 g de canela
- 1 pizca de sal

Adición:

- 5 ml de aceite de coco derretido
- 30 g de chocolate vegano, picado

Instrucciones:

1. Precalienta el horno a 180°C/350°F.
2. Forra una bandeja para hornear de 16 cm con papel pergamino.
3. Combina las semillas de lino y el agua en un tazón pequeño. Deja reposar 10 minutos.
4. En un tazón aparte, combina la mantequilla de maní, el jarabe de arce y la banana. Incorpora la mezcla de semillas de lino.

5. Una vez que tengas una mezcla suave, agrega la quinua, las semillas de chía, el extracto de vainilla, la avena, la harina integral, el polvo de hornear, la canela y la sal.

6. Vierte la masa en la bandeja para hornear preparada. Corta en 8 barras.

7. Hornea las barras durante 30 minutos.

8. Mientras tanto, prepara la cobertura; combina el chocolate y el aceite de coco en un tazón resistente al calor. Coloca sobre agua hirviendo a fuego lento, hasta que se derrita.

9. Saca las barras del horno. Coloca sobre una rejilla de alambre durante 15 minutos para que se enfríe.

10. Retira las barras de la fuente para hornear y rocía con cobertura de chocolate.

11. Sirve.

Nutrición:

- Calorías: 278
- Grasa total: 11,9 g
- Carbohidratos totales: 35.5g
- Fibra dietética: 5.8g
- Azúcares totales: 10,8g
- Proteínas: 9.4g

Postre proteico de anacardo y banana

Tiempo de preparación: 5 minutos.
Porciones: 10 bolas, 2 bolas por ración
Ingredientes:

- 1 plátano maduro
- 40 g de anacardos
- 30 g de orejones picados
- 2 dátiles Medjool, picados
- 15 g de semillas de lino molidas
- 55 g de proteína de arroz integral con sabor a vainilla en polvo
- 2 cucharadas de avena
- ¼ de cucharadita de pasta de vainilla

Instrucciones:

1. Corta el plátano en rodajas de ¾ de pulgada de grosor y cocina en el microondas a temperatura media durante 7 minutos. Este paso eliminará el líquido innecesario.
2. Coloca los anacardos en una licuadora. Licua a fuego alto hasta que quede bien molido. Agrega la avena y las semillas de lino y mezcla hasta obtener un polvo casi fino.
3. Agrega el plátano, los dátiles, los albaricoques y la pasta de vainilla. Licúa hasta obtener una masa pegajosa.
4. Forma 10 bolitas con la mezcla y colócalas en un plato.
5. Refrigera por 15 minutos antes de servir.

Nutrición:
- Calorías: 133
- Grasa total: 4.9g
- Carbohidratos totales: 12,6 g
- Fibra dietética: 3,1 g
- Azúcares totales: 3.9g
- Proteínas: 10,8g

Pastel de taza rápido

Tiempo de preparación: 5 minutos.
Tiempo de cocción: 4 minutos.
Porciones: 2
Ingredientes:

- 25 g de harina de almendras blanqueada
- 30 g de proteína de arroz integral con sabor a vainilla en polvo
- 10 g de azúcar de arce
- ½ cucharadita de bicarbonato de sodio
- ¼ de cucharadita de levadura en polvo
- 60 ml de leche de almendras
- 10 ml de aceite de coco derretido
- ½ cucharadita de jugo de limón
- 30 g de arándanos frescos

Instrucciones:

1. En un tazón grande, combina la harina, la proteína en polvo, el azúcar de arce, el bicarbonato de sodio y el polvo de hornear.
2. Agrega la leche de almendras, el coco derretido y el jugo de limón.
3. Incorpora los arándanos frescos, sin apretarlos ni triturarlos.
4. Divide la mezcla entre dos tazas aptas para microondas.
5. Calienta el pastel en el microondas durante 2 minutos. Retira del microondas y continua en intervalos de 30 segundos, hasta 4 minutos, o hasta que la masa esté esponjosa.
6. Sirve.

Nutrición:

- Calorías: 239
- Grasa total: 15,8 g
- Carbohidratos totales: 12,8 g
- Fibra dietética: 3.4 g

- Azúcares totales: 6.8 g
- Proteínas: 13,9 g

Salsas y aderezos

Salsa de calabaza

Tiempo de preparación: 5 minutos.

Tiempo de cocción: 2 minutos.

Porciones: 6

Ingredientes:

- 30 ml de aceite de oliva
- 3 dientes de ajo picados
- 15g de maicena
- 400g de puré de calabaza
- 300 ml de leche de soja
- 45g de levadura nutricional

Instrucciones:

1. Calienta el aceite de oliva en una cacerola.
2. Agrega el ajo y cocina por 2 minutos, a fuego medio-alto.
3. Agrega la maicena y revuelve para combinar.
4. Bate la leche de soja y lleva a ebullición.
5. Reduce el fuego y agrega la calabaza. Cocina a fuego lento durante 2 minutos.
6. Agrega la levadura nutricional.
7. Retira del fuego y sirve.

Nutrición:

- Calorías: 208
- Grasa total: 9,8 g
- Carbohidratos totales: 20,8 g
- Fibra dietética: 4,7 g
- Azúcares totales: 6,7 g
- Proteína: 10,9 g

Salsa para pasta

Tiempo de preparación: 5 minutos.

Tiempo de cocción: 10 minutos.

Porciones: 4

Ingredientes:

- 400g de garbanzos enjuagados, escurridos
- 45 ml de aceite de oliva
- 1 cebolla cortada por la mitad
- 3 dientes de ajo
- 350ml de agua de garbanzos
- 3 ramitas de romero picadas
- ½ cucharadita de hojuelas de pimiento rojo
- Sal y pimienta para probar

Instrucciones:

1. Calienta el aceite de oliva en una cacerola.
2. Agrega la cebolla y cocina 5 minutos.
3. Agrega el ajo y cocina 2 minutos, a fuego medio.
4. Agrega los garbanzos, el agua de garbanzos, el romero y las hojuelas de pimiento rojo.
5. Cocina a fuego lento durante 10 minutos.
6. Transfiere la mezcla a una licuadora de alimentos.
7. Licua a velocidad alta hasta que quede suave.
8. Sirve con pasta.

Nutrición:

- Calorías: 394
- Grasa total: 17,3 g

- Carbohidratos totales: 67,2 g
- Fibra dietética: 18,9 g
- Azúcares totales: 12 g
- Proteína: 21,2 g

Salsa de espinacas

Tiempo de preparación: 5 minutos.

Tiempo de cocción: 3 minutos.

Porciones: 2

Ingredientes:

- 150 g de espinacas frescas
- 20 g de albahaca fresca
- 240 ml de leche de soja
- 5g de levadura nutricional
- 15g de maicena
- 2 dientes de ajo
- ½ cucharadita de cebolla en polvo
- Sal y pimienta para sazonar
- 1 pizca de nuez moscada

Instrucciones:

1. Coloca todos los ingredientes en una licuadora de alimentos.
2. Licua a velocidad alta hasta que quede suave.
3. Transfiere a una cacerola.
4. Lleva a fuego lento. Cocina a fuego medio durante 3 minutos.
5. Sirve caliente.

Nutrición:

- Calorías: 127
- Grasa total: 2,7 g
- Carbohidratos totales: 19,6 g

- Fibra dietética: 3,2 g
- Azúcares totales: 5,3 g
- Proteína: 7,7 g

Salsa de frijoles

Tiempo de preparación: 5 minutos.

Tiempo de cocción: 8 minutos.

Porciones: 2

Ingredientes:

- 15 ml de aceite de oliva
- ½ cebolla pequeña, cortada en cubitos
- 2 dientes de ajo picados
- 400g lata de frijoles rojos, enjuagados y escurridos
- 30 ml de vinagre balsámico
- 30 g de pasta de tomate
- ½ cucharadita de pimienta de cayena
- ½ cucharadita de paprika ahumada
- Sal al gusto

Instrucciones:

1. Calienta el aceite de oliva en un sartén.
2. Agrega la cebolla y cocina 5 minutos, a fuego medio-alto.
3. Agrega el ajo y cocina 2 minutos.
4. Agrega los frijoles, el vinagre balsámico, la pasta de tomate y las especias.
5. Cocina 1 minuto.
6. Transfiere la mezcla a una licuadora de alimentos.
7. Licua a velocidad alta hasta que quede suave.
8. Sirve con pasta, falafel o tacos.

Nutrición:

- Calorías: 342

- Grasa total: 8,2 g

- Carbohidratos totales: 51,2 g

- Fibra dietética: 15,9 g

- Azúcares totales: 3,3 g

- Proteína: 18,4 g

Salsa de queso vegana

Tiempo de preparación: 10 minutos.

Tiempo de cocción: 15 minutos.

Porciones: 6

Ingredientes:

- 450 g de batatas, peladas y en cubos
- 150 g de zanahorias ralladas
- 100 g de anacardos crudos, remojados en agua 2 horas, escurridos
- 65 g de lentejas rojas, recogidas y enjuagadas
- 30g de hojuelas de avena
- 20 g de levadura nutricional
- 30g de pasta de miso
- 15 ml de jugo de limón
- 950 ml de agua
- 10 g de ajo en polvo
- Sal al gusto

Instrucciones:

1. Combina el agua, papas, zanahorias, anacardos, lentejas y avena en una cacerola.
2. Lleva a hervir.
3. Reduce el fuego y cocina a fuego lento durante 15 minutos.
4. Cuela a través de un colador de malla fina. Reserva un poco del líquido de cocción si necesitas diluir la salsa.
5. Transfiere los ingredientes cocidos a una licuadora de alimentos.
6. Agrega levadura nutricional, pasta de miso, jugo de limón, ajo en polvo y sazona al gusto.

7. Mezcla hasta que esté suave. Si es necesario, agrega un poco de líquido de cocción para diluir la salsa.

8. Sirve con pasta, papas o con poutine.

Nutrición:

- Calorías: 278
- Grasa total: 8,8 g
- Carbohidratos totales: 42,6 g
- Fibra dietética: 9,2 g
- Azúcares totales: 3,5 g
- Proteína: 9,5 g

Salsa de guisantes y queso

Tiempo de preparación: 5 minutos.

Porciones: 2

Ingredientes:

- 160 g de guisantes congelados, descongelados
- 20 hojas de albahaca
- 30g de levadura nutricional
- 30 ml de jugo de limón
- 45ml de caldo de verduras
- Sal al gusto
- 1 diente de ajo

Instrucciones:

1. Combina todos los ingredientes, excepto el caldo de verduras, en una licuadora.
2. Mezcla hasta que esté suave.
3. Agrega gradualmente el caldo de verduras, hasta obtener la consistencia deseada.
4. Sirve.

Nutrición:

- Calorías: 123
- Grasa total: 1,5 g
- Carbohidratos totales: 18,5 g
- Fibra dietética: 8,2 g
- Azúcares totales: 4,2 g
- Proteína: 11,7 g

Salsas y Dips

Dip de frijoles negros y lima

Tiempo de preparación: 5 minutos.
Tiempo de cocción: 2 minutos.
Porciones: 2
Ingredientes:

- 2 dientes de ajo
- 2 cm de jengibre, pelado y rallado
- 400g lata de frijoles negros, enjuagados y escurridos
- 45 ml de agua
- 15 ml de aceite de oliva
- 45 ml de zumo de lima
- Sal y pimienta para probar

Instrucciones:

1. Calienta el aceite de oliva en una sartén.
2. Agrega el ajo y el jengibre. Cocina a fuego medio-alto hasta que esté fragante.
3. Agrega los frijoles negros y cocina 30 segundos. Agrega agua y cocina 30 segundos más.
4. Sazona al gusto y retira del fuego.
5. Tritura los frijoles con un puré de papas. Incorpora el jugo de limón.
6. Sirve con pan de pita o palitos de tofu.

Nutrición:
- Calorías: 261
- Grasa total: 8g
- Carbohidratos totales: 39,2 g
- Fibra dietética: 9.5g
- Azúcares totales: 2.1g
- Proteínas: 11,2g

Dip mediterráneo de judías blancas con aceitunas

Tiempo de preparación: 10 minutos.

Porciones: 2

Ingredientes:

- 400 g lata de judías blancas, enjuagadas, escurridas
- 15 g de alcaparras, enjuagadas
- 25 g de aceitunas negras, en rodajas
- 30 ml de aceite de oliva
- 30 ml de jugo de limón
- 5 g de mostaza integral
- ½ cucharadita de ralladura de limón
- 2 dientes de ajo
- 4 hojas de albahaca picadas
- Sal y pimienta para probar

Instrucciones:

1. Coloca los frijoles blancos en un tazón.
2. Tritura los frijoles con un puré de papas.
3. Agrega las alcaparras, las aceitunas, el aceite de oliva, el jugo de limón, la mostaza, la ralladura de limón, el ajo picado y la albahaca picada.
4. Sazona al gusto con sal y pimienta.
5. Revuelve para combinar.
6. Enfría brevemente antes de servir.

Nutrición:
- Calorías: 432
- Grasa total: 17.1g
- Carbohidratos totales: 54,4 g
- Fibra dietética: 21,6 g
- Azúcares totales: 0.4g
- Proteínas: 18,6g

Hummus de remolacha

Tiempo de preparación: 10 minutos.
Tiempo de cocción: 1 hora.
Porciones: 8
Ingredientes:

- 500 g de garbanzos cocidos, escurridos
- 250 g de remolacha, lavada
- 180 ml de agua fría de garbanzos—aquafaba
- 50 ml de jugo de limón
- 2 dientes de ajo
- 90 g de tahini
- 5 g de comino molido
- Sal y pimienta para probar

Instrucciones:

1. Precalienta el horno a 200°C/400°F.
2. Envuelve las remolachas en un trozo de papel de aluminio. Coloca las remolachas en la bandeja para hornear.
3. Hornea las remolachas durante 55–60 minutos o hasta que estén tiernas.
4. Pela las remolachas horneadas y pícalas en trozos grandes.
5. Coloca el agua de garbanzos, el jugo de limón, el ajo, el tahini, el comino, la remolacha, la sal y la pimienta en una licuadora.
6. Licua a fuego alto hasta que quede suave.
7. Sirve.

Nutrición:

- Calorías: 356
- Grasa total: 10,7 g
- Carbohidratos totales: 51,4 g
- Fibra dietética: 14,8 g

- Azúcares totales: 10,7g
- Proteínas: 17g

Dip de cangrejo falso

Tiempo de preparación: 15 minutos.
Tiempo de cocción: 30 minutos.
Porciones: 8
Ingredientes:

- 120 g de anacardos crudos, remojados durante la noche, escurridos
- 15 ml de jugo de limón
- 5 ml de vinagre de sidra crudo
- 400 g de judías blancas cocidas, escurridas
- 20 g de levadura nutricional
- 20 g de condimento Old Bay
- ¼ de cucharadita de salsa tabasco
- Lata palmito de 280 g
- Sal y pimienta para probar

Instrucciones:

1. Precalienta el horno a 180°C/350°F.
2. Combina anacardos, jugo de limón y vinagre de sidra en una licuadora.
3. Licua a fuego alto hasta que quede suave. Transfiere a un tazón.
4. Enjuaga la licuadora.
5. Combina los frijoles, la levadura nutricional, el condimento Old Bay, Tabasco y los palmitos escurridos en una licuadora. Licua a fuego alto hasta que quede suave. Combina la mezcla de palmito con los anacardos. Transfiere a un tazón resistente al calor.
6. Hornea en horno caliente durante 30 minutos.
7. Sirve caliente.

Nutrición:

- Calorías: 270
- Grasa total: 7.7g
- Carbohidratos totales: 37,7 g

- Fibra dietética: 9,4 g
- Azúcares totales: 1.9g
- Proteínas: 15,8g

Dip de pesto de nueces y col rizada

Tiempo de preparación: 10 minutos.
Tiempo de cocción: 5 minutos.
Porciones: 4

Ingredientes:

- 300 g de col rizada, sin tallos
- 60 g de nueces picadas
- 2 dientes de ajo
- 20 g de levadura nutricional
- 30 ml de jugo de limón
- 60 ml de aceite de oliva
- Sal y pimienta para probar

Instrucciones:

1. Pon a hervir una olla grande de agua con sal.
2. Agrega la col rizada y reduce el fuego.
3. Cocina la col rizada durante 5 minutos.
4. Escurre y enjuaga con agua fría para detener el proceso de cocción.
5. Combina la col rizada, las nueces, el ajo, la levadura nutricional, el jugo de limón, la sal y la pimienta en una licuadora.
6. Licua a fuego alto hasta que quede suave.
7. Rocía el aceite de oliva y mezcla hasta que quede cremoso.
8. Sirve.

Nutrición:
- Calorías: 274
- Grasa total: 23,3 g
- Carbohidratos totales: 12.1g
- Fibra dietética: 3,5 g
- Azúcares totales: 0.4g
- Proteínas: 8.5g

Dip de guisantes y pistachos

Tiempo de preparación: 5 minutos.
Tiempo de cocción: 3 minutos.
Porciones: 4

Ingredientes:
- 150 g de guisantes congelados
- 15g de perejil
- ½ cucharadita de eneldo seco
- 90 g de pistachos sin cáscara
- 35 ml de zumo de lima
- 55 ml de agua
- Sal al gusto

Instrucciones:
1. Cocina los guisantes en 4 cm de agua a fuego medio-alto durante 3 minutos.
2. Escurre y transfiere a una licuadora de alimentos.
3. Agrega los ingredientes restantes.
4. Licua a fuego alto hasta que quede suave.
5. Sirve con bolas de frijoles o verduras asadas.

Nutrición:
- Calorías: 173
- Grasa total: 11g
- Carbohidratos totales: 13.2g
- Fibra dietética: 4.7g
- Azúcares totales: 3.4g
- Proteínas: 7.1g

Conclusión

El siguiente paso es comenzar a hacer cambios en su dieta. Ahora está en tus manos. Tienes los datos sobre el veganismo y el fisicoculturismo, y ahora depende de ti decidir cómo vas a hacer el cambio. También es un gran cambio, pero es completamente factible. Me gustaría sugerirte que comiences comiendo vegano dos o tres veces por semana y comas como estás acostumbrado el resto de la semana, durante un mes más o menos. Esto puede ayudarte a acostumbrarte a tu nueva dieta y ayudará a tu cuerpo a adaptarse.

Entonces puedes aumentar tus días veganos hasta que seas vegano a tiempo completo. Dicho esto, si sientes que puedes saltar directamente a ser vegano a tiempo completo desde el principio, hazlo. Por encima de todo, sé amable contigo mismo. Este es un gran cambio y, al igual que con el fisicoculturismo, no serás perfecto de la noche a la mañana. Toma lo que has aprendido en este libro y comienza a hacer cambios saludables en tu vida y dieta para mejorar tu fisicoculturismo.

Para ayudarte aún más, hay un libro de cocina de fisicoculturismo vegano que tiene algunas recetas innovadoras y algunas convencionales que utilizan fuentes de proteínas de origen vegetal para darle un impulso a tu dieta vegana. Prueba estas emocionantes recetas utilizando una variedad de fuentes de proteínas en el plan de dieta y observa cómo aumenta tu ingesta de proteínas. La amplia variedad de recetas que se encuentran en el libro de cocina de fisicoculturismo vegano están especialmente hechas, teniendo en cuenta los requisitos de los fisicoculturistas.

Espero que, en este punto del libro, estés convencido de que, como vegano, puedes consumir los alimentos adecuados para lograr los nutrientes que necesitas para prosperar. Habrá muchos escépticos en el mundo; no dejes que te convenzan de que tu dieta es incorrecta. Eres la única persona a la que debes convencer de que una dieta vegana es la mejor opción para ti.

Has tomado la decisión no solo de mejorar su salud, sino también de mejorar el mundo que te rodea. En este punto, estás salvando animales y ayudando al medio ambiente. Tus elecciones de dieta son beneficiosas para ti y el mundo que te rodea. Ahora, ya sabes lo deliciosa que puede ser tu dieta.

Libro de Cocina Vegano para deportistas

El último libro de cocina de alto rendimiento con recetas rápidas y deliciosas sin carne para aumentar la energía y mejorar los músculos

Vegan Cookbook For Athletes
(Spanish Edition)

MATT NEUMANN

Tabla de contenidos

INTRODUCCIÓN **173**

PROTEÍNA SALUDABLE PARA TUS MÚSCULOS **175**
- Qué no comer 175
  - *Sin gluten* *176*
  - *Sin soja* *177*
  - *Sin nueces* *177*
- Doce alimentos no veganos sorprendentes 178

BENEFICIOS DE LOS ALIMENTOS VEGANOS PARA EL ATLETISMO **180**
- Mantiene el corazón sano 180
- Reduce la intensidad del dolor 180
- Mejora la circulación del oxígeno 180
- Hace que las funciones arteriales funcionen mejor 181
- Aporta antioxidantes al organismo 181
- Aumenta la resistencia de los atletas 181

REGLAS DE ALIMENTACIÓN VEGANA PARA UN ATLETA **183**

LOS MEJORES CONSEJOS ATLÉTICOS PARA COMENZAR UNA DIETA VEGANA **185**
- Mantenerse hidratado 185
- Pon especial énfasis en la comida 185
- Ten una rica comida después del entrenamiento 186
- Come más vegetales 186

DESAYUNO **188**
- Batido de tarta de manzana 188
- Batido verde con mantequilla de maní de chocolate 189
- Batido de espinacas y proteína de linaza 190
- Batido de proteína de chocolate 191
- Batido de fresa y coco 192
- Bol de batido de proteína de banana 193
- Batido verde de proteína de chocolate 194
- Batido de chocolate y frijoles negros 195
- Bol de batido súper verde 196
- Bol de desayuno de garbanzos revueltos 197
- Ensalada de cereales para el desayuno 198
- Panqueques de proteína de banana 200
- Panqueque de garbanzos 202
- Panqueques de calabaza y chía 203

- Avena energética 206
- Tortilla española 207
- Barras de desayuno 208
- Barritas de proteína de mantequilla de maní 209
- Barras de desayuno de arándanos 210
- Avena de tarta de queso con arándanos 211
- Revuelto de espinacas y tofu 213

RECETAS PARA EL ALMUERZO 214

- Plato de papa increíble 214
- Pizza increíblemente sabrosa 215
- Sopa de frijoles ricos 217
- Deliciosos frijoles horneados 218
- Deliciosa sopa de calabaza 219
- Increíble estofado de champiñones 220
- Jambalaya especial 221
- Deliciosa sopa de acelgas 222
- Tofu chino y verduras 223
- Maravillosa sopa de maíz 225
- Guiso de frijol de ojos negros 226
- Cassoulet de frijoles blancos 227
- Plato ligero de yaca 228
- Curry de verduras 229
- Shiritaki Alfredo 232
- Salteado con especias para tacos 234
- Sopa de gloria verde (olla instantánea) 235
- Tapas de hongos rellenas de col rizada 236
- Verduras sazonadas hervidas (olla instantánea) 237
- Sopa de coliflor (olla instantánea) 238

RECETAS PARA LA CENA 239

- Espaguetis al pesto con albóndigas de garbanzos 239
- Guiso de garbanzos, quínoa y espinacas 242
- Tallarines de tofu soba 244
- Tacos de Coliflor de Búfalo 246
- Filetes de tofu con ensalada 248
- Lasaña de espinacas y ricotta 250
- Pan de lentejas 252
- Seitán mongoliano 254
- Bolas de frijoles negros y quinua con fideos de calabacín 256
- Albóndigas De Lentejas 258
- Tofu Ahumado con Lentejas Puy 260
- Lasaña de lentejas 262

APERITIVOS 264

- Granola de mantequilla de maní y dátiles 264
- Plátanos caramelizados al horno 266
- Caramelos Proteicos "Raffaello" 267
- Bol de calabaza rico en proteínas 269
- Bolas de ajo y patata rojas saladas 270
- Dip picante de lentejas rojas suaves 272
- Empanadas veganas de berenjena 273
- Plátanos caramelizados al horno 274
- Dip picante de lentejas rojas suaves 275
- Empanadas veganas de berenjena 276

RECETAS DE PASTA 277

- Lo Mein 277
- Fideos de sésamo con tofu al horno 279
- Gnocchi de garbanzos, espinacas y calabaza 280
- Fideos dan dan con seitán, hongos shiitake y repollo napa 281
- Yakisoba vegetariano 284
- Pasta con salsa de crema de champiñones 285
- Pasta penne con frijoles negros y verduras 287
- Pasta penne con tofu 288
- Linguini con guacamole 290

RECETAS DE POSTRES 291

- Barras de pan de banana y nueces 291
- Rollos de limón, coco y cilantro 292
- Bocados de tacos tempeh 293
- Tomates cherry rellenos 294
- Tostadas de queso de anacardo y pimentón rojo asado 295
- Papas fritas al horno 296
- Champiñones rellenos de espinacas y nueces 298
- Salsa fresca 299
- Guacamole 300
- Rollos asiáticos de lechuga 301
- Pie de lima 302
- Pie de saltamontes de chocolate y menta 304
- Barritas energéticas de mantequilla de maní 305
- Paletas de brownie de frijoles negros 306
- Tarta de limón y anacardos 307
- Oreos de menta 308
- Rebanada de brownie de caramelo 310
- Pie de Snickers 311
- Cheesecake de chocolate doble y naranja 313

CONCLUSIÓN 315

© **Copyright 2021 por Matt Neumann — Todos los derechos reservados.**

El siguiente Libro se reproduce a continuación con el objetivo de proporcionar información lo más precisa y confiable posible. Independientemente, la compra de este Libro puede considerarse como un consentimiento al hecho de que tanto el editor como el autor de este libro no son expertos en los temas que se tratan en el mismo y que cualquier recomendación o sugerencia que se haga en este documento es solo para fines de entretenimiento. Se debe consultar a los profesionales según sea necesario antes de emprender cualquiera de las acciones aquí respaldadas.

Esta declaración se considera justa y válida tanto por la Asociación de Abogados de Estados Unidos como por el Comité de la Asociación de Editores y es legalmente vinculante en todo Estados Unidos.

Además, la transmisión, duplicación o reproducción de cualquiera de los siguientes trabajos, incluida información específica, se considerará un acto ilegal, independientemente de si se realiza de forma electrónica o impresa. Esto se extiende a la creación de una copia secundaria o terciaria del trabajo o una copia grabada y solo se permite con el consentimiento expreso por escrito del Editor. Todos los derechos reservados.

La información en las páginas siguientes se considera en general un relato veraz y preciso de los hechos y, como tal, cualquier falta de atención, uso o uso indebido de la información en cuestión por parte del lector hará que las acciones resultantes sean únicamente de su competencia. No hay escenarios en los que el editor o el autor original de este trabajo pueda ser considerado responsable de cualquier dificultad o daño que pueda ocurrirles después de realizar la información aquí descrita.

Además, la información de las siguientes páginas está destinada únicamente a fines informativos y, por lo tanto, debe considerarse universal. Como corresponde a su naturaleza, se presenta sin garantía en cuanto a su validez prolongada o calidad provisional. Las marcas comerciales que se mencionan se realizan sin consentimiento por escrito y de ninguna manera pueden considerarse un respaldo del titular de la marca.

Introducción

Al consumir productos vegetales, una persona reduce el riesgo de tener sobrepeso. Las plantas ofrecen excelentes fuentes de fibra, antioxidantes, minerales y vitaminas. Los alimentos vegetales son principalmente ricos en fibra, lo que es útil para la digestión, ya que limita la cantidad de azúcares absorbidos en el proceso de digestión. La fibra en los alimentos vegetales también es útil para reducir el colesterol al prevenir la absorción de grasas en los alimentos que tomamos. La fibra también ayuda a prevenir el estreñimiento al mejorar la digestión de los alimentos. Ayuda en la estimulación de los diversos órganos digestivos para producir jugos digestivos importantes. Una ingesta suficiente de fibra dietética prolonga la cantidad de tiempo que los alimentos tardan en moverse a través del canal, aumentando la absorción de minerales y vitaminas en los alimentos. También previene la diarrea y el endurecimiento excesivo de las heces.

La investigación también ha confirmado que las personas que consumen alimentos con alto contenido de fibra tienen un riesgo menor de aumentar de peso. Al consumir alimentos con alto contenido de fibra, una persona reduce las posibilidades de desarrollar diabetes tipo 2. La razón detrás de la fibra previniendo la aparición de diabetes tipo 2 es la capacidad de la fibra para reducir las cantidades de azúcar que el cuerpo absorbe manteniendo un nivel saludable de azúcar en sangre.

También se atribuye a la reducción del colesterol y la reducción del riesgo de desarrollar enfermedades cardíacas. La fibra del sistema digestivo también aglutina las grasas, lo que reduce la velocidad a la que se digieren y absorben en el cuerpo. Las bacterias saludables en el intestino se desarrollan con fibra soluble. El microbioma de las bacterias se alimenta de los restos de fibra fermentada en el sistema digestivo. Estas bacterias ayudan en la producción de ácidos grasos de cadena corta que ayudan a reducir el colesterol en el cuerpo. Los ácidos grasos de cadena corta también promueven la buena salud al reducir la inflamación en el cuerpo. La inflamación es una condición de riesgo vinculada al desarrollo de enfermedades graves como el cáncer, entre otras.

Proteína saludable para tus músculos

La proteína, que se compone de aminoácidos esenciales, es un nutriente importante para el crecimiento y la reparación celular y es una de las fuentes vitales de energía del cuerpo. Por lo general, el adulto promedio necesita entre 46 (mujeres) y 56 (hombres) gramos de proteína por día, y los veganos deben obtenerla de fuentes vegetales. Afortunadamente, la proteína se encuentra fácilmente en el mundo vegetal, incluso en nueces, semillas, legumbres, granos y vegetales verdes.

- **Frijoles y legumbres:** los frijoles, los guisantes, las lentejas, el tofu y los cacahuetes son algunas de las mejores fuentes de proteínas para los veganos, ya que ofrecen alrededor de 20 gramos de proteína por porción, lo que equivale aproximadamente a una porción de 3 onzas de carne. El chile de cuatro frijoles, las lentejas al curry o los frijoles picantes para picnic proporcionarán una dosis de proteína del tamaño de una comida. Un puñado de cacahuetes tostados en seco te proporcionará un impulso proteico satisfactorio entre comidas.
- **Nueces y mantequillas de nueces:** las nueces, anacardos, nueces pecanas, pistachos y almendras contienen grasas saludables además de aproximadamente 5 gramos de proteína por onza. Espolvorea algunas nueces en tu desayuno de avena con canela y manzana o un bocadillo con nueces especiadas.
- **Semillas y mantequillas de semillas:** las semillas de sésamo, girasol, cáñamo, chía, lino, amapola y calabaza están cargadas de proteínas. Las semillas de girasol contienen más de 7 gramos de proteína en cada porción de ¼ de taza. Come semillas de calabaza tostadas con wasabi o espolvoree un puñado de semillas de girasol en tu ensalada en el almuerzo.
- **Granos integrales:** el trigo integral, el arroz integral y la cebada proporcionan de 3 a 4 gramos de proteína por porción. La quinua contiene 8 gramos de proteína completa en una porción de 1 taza. Empieza bien el día con un desayuno de arce caliente y quinua con canela.
- **Verduras verdes:** una taza de brócoli picado proporciona 8 gramos de proteína, sin mencionar un buen refuerzo de vitaminas, antioxidantes y fibra. El hachís dulce y picante de coles de Bruselas, el brócoli con limón o la gremolata de judías verdes servidos junto con una guarnición de granos integrales harán una buena comida rica en proteínas.

Qué no comer

La transición a una dieta vegetariana es probable que signifique que tendrás que revisar tus estándares para cada comida, aunque ya hayas sido un ovo-lacto vegetariano.
Aquí hay algunos alimentos que querrás reemplazar en tu dieta con opciones veganas:

- **Productos lácteos:** leche, queso, mantequilla, ghee y alimentos elaborados con productos lácteos, incluida la masa de pastelería, yogur, helado, etc. El suero y la caseína, ingredientes que provienen de la leche, son comunes en muchos alimentos, incluida la margarina, muchos cereales en caja y barras de cereales, panes y migas de pan, galletas saladas e incluso algunos sustitutos del queso a base de soja y granos.
- **Huevos:** cualquier tipo de huevos, ya sean de gallina, patos, avestruces, salmón u otros animales, así como alimentos hechos con huevos, como mayonesa, fideos, panqueques, waffles, pasteles, galletas y muchos otros productos horneados.
- **Miel:** las abejas producen miel, lo que la convierte en un no-no para la dieta vegana. Ten cuidado con la miel en muchas marcas saludables de cereales, panes integrales, galletas y otros productos horneados y bebidas.
- **Carnes, aves y mariscos:** pollo, pescado, res, cerdo, cordero, ternera, mariscos, etc., así como alimentos elaborados con carne o subproductos cárnicos, como manteca de cerdo, tuétano y sebo.

¿Y las alergias?

Mantenerse alejado de los alérgenos alimentarios comunes como el gluten, la soja o las nueces es un desafío en sí mismo, pero hacerlo como vegano es aún más una hazaña.

Sin gluten

Seguir una dieta libre de gluten y vegana plantea un desafío particular, ya que muchas de las fuentes de proteínas a base de granos disponibles para los veganos contienen gluten. El seitán, por ejemplo, es un sustituto común de la carne que está hecho de gluten de trigo. Sin embargo, existen numerosos granos ricos en proteínas y sin gluten que pueden sustituir al trigo, la cebada, el centeno y la espelta, como el amaranto, la quinua y el arroz. Otras fuentes de proteínas veganas y sin gluten incluyen la soja (edamame, tofu y algunos sustitutos de la carne), legumbres (frijoles, lentejas, maní y similares), nueces, semillas y vegetales verdes.
Los panes, cereales y pastas hechos con trigo son obviamente no-nos, pero busca fideos sin gluten y panes hechos con harinas alternativas como arroz, sorgo, almendras o avellanas.
Ten cuidado con el gluten en la salsa de soja, el vinagre de malta y otros condimentos también. Un gran sustituto de la salsa de soja es una salsa hecha de aminoácidos a base de soja o de coco. Búscalo en cualquier tienda naturista.

Sin soja

Los veganos que son alérgicos a la soja enfrentan un problema similar al de los sensibles al gluten, ya que muchos sustitutos de la carne y los lácteos veganos están hechos de leche de soja, queso de soja, tofu, tofu para perros calientes, hamburguesas de tofu, etc. Afortunadamente, hay muchos alimentos veganos sin soja disponibles.

En lugar de leche de soja, puede elegir entre leche de arroz, leche de cáñamo, leche de almendras, leche de anacardo o leche de coco. Los quesos sin lácteos se pueden hacer con nueces o incluso tapioca. En estos días, incluso hay sustitutos de la carne sin soja en el mercado, y los aminoácidos de coco son una excelente alternativa a la salsa de soja.

Sin nueces

Una alergia a las nueces de árbol y/o al maní es más fácil de acomodar en una dieta vegana que una alergia al gluten o la soja, ya que las nueces no son tan omnipresentes en los sustitutos de la carne, pero aún debes tener cuidado y leer las etiquetas.

En lo que respecta a las sustituciones, las semillas agregan un crujido similar a las ensaladas y productos horneados, y las mantequillas de semillas a menudo pueden sustituir las mantequillas de nueces y los aceites de semillas a los aceites de nueces en las recetas. Prueba el girasol, el sésamo, la calabaza, las semillas de chía y la linaza en recetas, como bocadillos o como mantequillas. Proporcionarán la grasa saludable para el corazón que necesitas y difícilmente extrañarás las nueces.

Doce alimentos no veganos sorprendentes

Una dieta vegana requiere que te abstengas de comer subproductos animales. Muchos de estos alimentos son obvios, pero hay algunos ingredientes no veganos escondidos en artículos que nunca pensarías que están prohibidos.

Es esencial investigar y leer las etiquetas con atención, incluso las etiquetas de productos que nunca sospecharías que contienen alimentos derivados de animales.

A continuación, se incluye una lista de alimentos que pueden contener productos de origen animal. Con toda probabilidad, al menos algunos de estos serán una sorpresa.

1. **Frijoles refritos:** Los frijoles refritos a menudo se hacen con manteca de cerdo. Cuando compres frijoles enlatados, probablemente puedes confiar en una etiqueta "vegetariana" para evitar este ingrediente, pero asegúrate de preguntar en un restaurante antes de probar esos frijoles.
2. **Jugo de naranja**: La fuente más común de omega-3 es el pescado, lo que significa que cualquier alimento o bebida fortificada con omega-3 es sospechosa, incluido el vaso de jugo de naranja saludable para el corazón que acompaña al desayuno. Lo mismo ocurre con los suplementos de omega-3 en forma de píldora. Para asegurarte de obtener suficiente cantidad de este importante nutriente, probablemente sea más seguro utilizar fuentes de alimentos de origen vegetal como la linaza, las semillas de chía o la verdolaga.
3. **Golosinas:** La gelatina se elabora con la piel, los huesos y las pezuñas de cerdos y vacas. Los alimentos que contienen gelatina incluyen ositos de goma, malvaviscos, Altoids y muchos otros dulces. Los alimentos adicionales que a menudo contienen gelatina incluyen Jell-O, pudín, muchas mermeladas e incluso algunos batidos y nueces envasadas.
4. **Salsa Worcestershire:** esta salsa común casi siempre se condimenta con anchoas, aunque hay versiones vegetarianas disponibles.
5. **Algunos panes:** Realmente, algunos bagels contienen un aminoácido, L-cisteína, ¡Que se deriva del cabello humano o de las plumas de aves de corral!
6. **Pasteles y mezclas para pasteles**: Algunas marcas de pasteles contienen grasa de res, de todas las cosas.
7. **Cerveza y vino:** Muchas bebidas alcohólicas utilizan cola de pescado (vejigas de pescado), gelatina o claras de huevo en el proceso de clarificación. Estas sustancias no aparecerán en la lista de ingredientes, por lo que podría ser necesario investigar seriamente para encontrar marcas que estén estrictamente libres de productos animales.
8. **Colorante rojo para alimentos:** Ciertos alimentos contienen un tinte rojo que proviene de las escamas del escarabajo de la cochinilla. Esto puede aparecer en los ingredientes como Colorante Rojo #4 o Rojo Natural #4.
9. **Papas fritas con sabor:** Algunas contienen grasa animal o láctea. ¿Quién sabe?
10. **Cremas no lácteas:** Es cierto. Muchos están hechos con caseinato, que se deriva de la leche.

11. **Margarina:** este es otro alimento que se vende como alternativa a los lácteos, pero que a menudo contiene suero o caseína, los cuales provienen de la leche. También puede tener gelatina o grasa animal (sebo).
12. **Alternativas de queso a base de soya o de granos:** Sorprendentemente, aunque se venden como alternativas a los lácteos, estos alimentos a veces contienen lácteos en forma de caseína o suero.

Beneficios de los alimentos veganos para el atletismo

Los deportistas de hoy en día corren hacia el veganismo porque conocen sus beneficios. Algunos de estos beneficios incluyen:

Mantiene el corazón sano

Los atletas también necesitan mantener el corazón sano. Hacer ejercicio durante el día disminuye muchas enfermedades, pero algunas persisten. Un estudio mostró que casi la mitad de los corredores y ciclistas desarrollan enfermedades cardíacas y tapones coronarios. Los tapones coronarios son causados por la acumulación de grasa en las arterias. Cuando los atletas se convierten al veganismo, reducen significativamente las posibilidades de enfermedad cardíaca. Esto aumentó su motilidad y calidad de vida. Al tomar grasas buenas en forma de aguacates y semillas, disminuye el nivel de grasas malas que causa tapones coronarios y enfermedades cardíacas.

Reduce la intensidad del dolor

Al realizar un entrenamiento intenso, los músculos desarrollan ácido láctico y atraviesan el proceso de inflamación, que causa mucho dolor. Si un atleta se convierte al veganismo, experimentará menos dolor y una mejor recuperación del ejercicio. Esto se debe a los efectos antiinflamatorios de los alimentos de origen vegetal. Se han realizado numerosos estudios para demostrar los efectos antiinflamatorios de la dieta vegana. También se ha comprobado que el consumo de carne y los niveles altos de colesterol contribuyen a la reacción inflamatoria. Para un atleta, una rápida recuperación de un ejercicio puede significar mucho progreso.

Mejora la circulación del oxígeno

Durante el ejercicio, la sangre debe proporcionar la energía y el oxígeno adecuados a todas las partes del cuerpo, incluidos los músculos. Al consumir carnes rojas y el colesterol alto en forma de grasa animal, el colesterol en sangre y el nivel de grasas aumentan. Esto hace que la sangre se espese y se vuelva difícil de bombear. Esto también causa mucha tensión en el corazón. Al convertirse al veganismo, la persona puede proporcionar una circulación de oxígeno adecuada alrededor del cuerpo al reducir los niveles de colesterol y grasa.

Hace que las funciones arteriales funcionen mejor

Al consumir carne y comidas con alto contenido de colesterol, se observó que la función arterial se deterioró durante varias horas incluso después de una comida. Al consumir alimentos de origen vegetal, la función de las arterias mejora. La sangre se vuelve fácil de fluir debido a que las arterias son más flexibles y el diámetro es más ancho. La flexibilidad arterial está relacionada con los alimentos de origen vegetal, por lo que comer más plantas hará que las arterias sean más flexibles y el flujo sanguíneo sea más fácil.

Aporta antioxidantes al organismo

Uno de los resultados más prometedores de la dieta de los atletas es su capacidad para recuperarse rápidamente y sentirse menos fatigados. Esto es posible debido a que los alimentos de origen vegetal reemplazan el colesterol y los grasos de origen animal. Durante el ejercicio, el cuerpo libera muchos radicales libres, que son motivo de preocupación. Se mueven libremente y dañan las estructuras circundantes. Los antioxidantes neutralizan estos radicales libres y evitan que hagan daño.

Aumenta la resistencia de los atletas

Al consumir alimentos de origen animal, el nivel de grasa corporal tiende a aumentar. Cuando una persona se convierte al veganismo, los niveles de grasa corporal comienzan a bajar. Esto conduce a una mayor capacidad de transporte de oxígeno. En un estudio, se demostró que las personas que siguen una dieta vegana tienen un nivel de VO_2 más alto, lo que significa que pueden usar oxígeno durante el ejercicio y aumentar su resistencia.

Reglas de alimentación vegana para un atleta

Convertirse en vegano para un atleta se está convirtiendo en una nueva tendencia. Con los numerosos beneficios que aporta, su popularidad es cada vez mayor, pero hay que tener cuidado al seguir esta dieta.

Los atletas que requieren un alto nivel de energía porque hacen un entrenamiento pesado y excesivo, por lo que necesitan ingerir más calorías y más comidas. También necesitan comer más bocadillos y comer un poco menos de alimentos ricos en fibra. Los atletas deben adaptarse de acuerdo con sus necesidades y requisitos de productividad. Alcanzar su nivel de calorías es muy importante para obtener una nutrición adecuada. Una nutrición adecuada es vital para optimizar el rendimiento. Al igual que un deportista se adapta al entrenamiento, necesita adaptarse a sus necesidades alimentarias.

Muchos nutrientes deben controlarse en un atleta vegano. Los nutrientes como omega 3, vitamina B12, zinc, hierro, calcio y proteínas necesitan una atención especial. Se encuentran menos en los alimentos de origen vegetal y, normalmente, las personas los adquieren de los de origen animal. Los nutrientes como la vitamina B12 deben tomarse en forma de suplementos porque no existen alternativas a base de plantas. Algunos de estos nutrientes pueden manejarse tomando alimentos específicos como semillas o vegetales, pero incluso si existen alternativas, es posible que se necesiten suplementos.

Algunos deportistas se ven obligados a mantener un buen nivel de grasa corporal y a reducir de peso. Las personas usan dietas veganas y otras formas de dietas para enmascarar la alimentación restrictiva. La dieta vegana y otras formas de dieta tampoco son restrictivas. Tienes que comer suficientes calorías para satisfacer las necesidades de tu cuerpo. Los atletas han demostrado tener niveles bajos de densidad ósea y trastornos alimentarios. La gente debe ser consciente de eso y desalentar este tipo de comportamiento. Tener pocas calorías puede provocar muchas enfermedades y problemas, como la reducción de las hormonas sexuales tanto en mujeres como en hombres.

Es importante establecer un plan de alimentación adecuado antes y después del entrenamiento. Para cualquier deportista, esto es fundamental. Lo que comes antes puede afectar la calidad del entrenamiento. Si comes menos calorías, te fatigarás rápidamente, y si comes de manera poco saludable, la recuperación será más lenta. Debes planificar cada comida antes de cualquier evento o rutina diaria de ejercicios para no sentirte abrumado en ese momento.

Los mejores consejos atléticos para comenzar una dieta vegana

Comenzar una dieta vegana presenta un desafío para cualquiera, pero para un atleta, es un juego completamente diferente. Su nutrición está directamente relacionada con su rendimiento, por lo que es necesario contarla bien.

Mantenerse hidratado

El agua es esencial para todos, por lo que no es de extrañar que sea lo primero en la lista. Debes seguir bebiendo agua y considerarla como tu bebida principal durante todo el día. Durante el ejercicio, perdemos mucha agua en forma de sudor. La deshidratación puede provocar una reducción del rendimiento, calambres y mareos. A veces, cuando hacemos ejercicio, nos olvidamos de hidratarnos. Invierte en una botella de agua de tu elección y llévala a donde quiera que vayas. Bebe agua a primera hora de la mañana después de despertarte. También se recomienda tomar bebidas deportivas hidratantes si lo deseas.

Piensa en los suplementos

Algunos nutrientes requieren suplementos durante una dieta vegana de alimentos integrales. Los suplementos que necesitas variarán según tu dieta, actividades y objetivos. Puedes hablar con un profesional sobre los requisitos nutricionales y también investigar un poco en Internet. Puede ser de gran ayuda hablar con un nutricionista. Sin embargo, si ingieres las calorías adecuadas, duermes lo suficiente y no te estresas demasiado, es posible que los suplementos ni siquiera sean necesarios. Al tomar suplementos, su cantidad debe mantenerse al mínimo. Los efectos que proporcionan no son tan grandes como la gente piensa.

Pon especial énfasis en la comida

Si comes comidas saludables, entonces no necesitas preocuparte por tu rendimiento. Tu comida debe consistir en frutas de color oscuro, verduras frescas y verduras de hojas oscuras. Comer una mezcla de colores te dará suficientes vitaminas y minerales que necesitas para funcionar durante todo el día. Para comenzar el día, come un plato de ensalada cruda y llénalo con diferentes verduras exóticas que puedas encontrar. Para agregar un poco de proteína, espolvorea lentejas o frijoles. Agrega algunas especias y hierbas para darle sabor. Agrega un poco de aguacate para obtener grasas buenas o semillas de chía o semillas de lino, las cuales también funcionan.

Ten una rica comida después del entrenamiento

Si comes comidas saludables con regularidad y haces rutinas de ejercicio a diario, entonces no necesitas comidas después del entrenamiento, pero no estaría de más recargarte rápidamente después de un entrenamiento intenso. Esta comida debe ser rica en carbohidratos y proteínas, lo que estimulará la recuperación. Esta comida puede ser desayuno, almuerzo o cena, según tu rutina de ejercicios. La proporción de carbohidratos a proteínas suele ser de 2:1 o 3:1; esto se puede cambiar según tus necesidades. Algunas ideas para una comida post-entrenamiento son lentejas con pasta, tazón de camote, batidos verdes, ensalada de verduras con tofu y semillas de chía, etc.

Come más vegetales

Una buena parte de tus calorías provendrá de las verduras porque son ricas y densas en carbohidratos. Además, comer una variedad de ellas satisfará tus necesidades nutricionales de vitaminas y minerales. Hay varias formas de comer verduras a lo largo del día. Puedes comerlas como bocadillo mientras viajas. Sus platos principales pueden centrarse principalmente en verduras. Debes hacer una ensaladera grande todos los días para que la consumas. Debes beber muchos batidos verdes con vegetales de hojas verdes como la col rizada o las espinacas. Durante los entrenamientos, necesita una comida con almidón que puede ser proporcionada por vegetales con almidón como las batatas y la calabaza.

Desayuno

Batido de tarta de manzana

Porciones: 4
Tiempo de preparación: 5 minutos.
Tiempo de cocción: 0 minutos.
Ingredientes:
- 2.1 onzas de hojuelas de avena
- 4 manzanas, sin centro, cortadas en cubitos
- 4 cucharadas de semillas de chía
- 1 cucharadita de stevia
- 4 cucharadas de proteína de vainilla en polvo, vegana
- 1 cucharadita de nuez moscada molida
- 1 cucharadita de canela en polvo
- 17 onzas de yogur de coco
- 4 tazas de leche de almendras sin azúcar

Instrucciones:
1. Agrega todos los ingredientes en un procesador de alimentos o licuadora y luego mezcla durante 1 a 2 minutos hasta que se mezclen bien.
2. Distribuye el batido entre vasos y luego sirve.

Nutrición:
- Calorías: 211,7
- Grasa: 6,2 g
- Grasa saturada: 1,23 g
- Carbohidratos: 23,6 g
- Fibra: 5,3 g
- Azucares: 8,3 g
- Proteína: 15,7 g

Batido verde con mantequilla de maní de chocolate

Porciones: 2
Tiempo de preparación: 5 minutos.
Tiempo de cocción: 0 minutos.
Ingredientes:
- 3 dátiles Medjool
- 2 tazas de espinaca congelada
- 2 cucharadas de avena a la antigua
- 1 banana congelada
- 2 tazas de col rizada congelada
- 1 cucharada de cacao en polvo sin azúcar
- 1 cucharada de mantequilla de maní
- 1 1/2 tazas de leche de vainilla y almendras, sin azúcar

Instrucciones:
1. Agrega todos los ingredientes en un procesador de alimentos o licuadora y luego mezcla durante 1 a 2 minutos hasta que se mezclen bien.
2. Distribuye el batido entre vasos y luego sirve.

Nutrición:
- Calorías: 298
- Grasa: 7,6 g
- Grasa saturada: 1 g
- Carbohidratos: 56 g
- Fibra: 10 g
- Azucares: 30 g
- Proteína: 9 g

Batido de espinacas y proteína de linaza

Porciones: 2
Tiempo de preparación: 5 minutos.
Tiempo de cocción: 0 minutos.
Ingredientes:
- 2 tazas de espinacas tiernas
- 1/2 taza de trozos de mango congelados
- 2 cucharadas de semillas de chía
- 1/2 taza de piña congelada
- 2 cucharadas de harina de linaza
- 1 banana pelada
- 2 cucharadas de proteína de vainilla en polvo
- 2 tazas de leche de almendras sin azúcar

Instrucciones:
1. Agrega todos los ingredientes en un procesador de alimentos o licuadora y luego mezcla durante 1 a 2 minutos hasta que se mezclen bien.
2. Distribuye el batido entre vasos y luego sirve.

Nutrición:
- Calorías: 257,5
- Grasa: 6 g
- Grasa saturada: 0,1 g
- Carbohidratos: 36,7 g
- Fibra: 8,1 g
- Azúcares: 17,2 g
- Proteína: 14,2 g

Batido de proteína de chocolate

Porciones: 2
Tiempo de preparación: 5 minutos.
Tiempo de cocción: 0 minutos.
Ingredientes:
- 8 bananas congeladas, en rodajas
- 4 cucharadas de semillas de chía
- 1 taza de harina de maní
- 4 tazas de leche de chocolate con almendras, sin azúcar

Instrucciones:
1. Agrega todos los ingredientes en un procesador de alimentos o licuadora y luego mezcla durante 1 a 2 minutos hasta que se mezclen bien.
2. Distribuye el batido entre vasos y luego sirve.

Nutrición:
- Calorías: 396
- Grasa: 11 g
- Grasa saturada: 1 g
- Carbohidratos: 68 g
- Fibra: 15 g
- Azucares: 28 g
- Proteína: 14 g

Batido de fresa y coco

Porciones: 2
Tiempo de preparación: 5 minutos.
Tiempo de cocción: 0 minutos.
Ingredientes:
- 2 tazas de fresas congeladas
- 2 cucharaditas de semillas de linaza molidas
- 1/2 taza de proteína de vainilla en polvo
- 4 cucharaditas de miel
- 2 cucharaditas de extracto de vainilla sin azúcar
- 2 tazas de leche de coco sin azúcar

Instrucciones:
1. Agrega todos los ingredientes en un procesador de alimentos o licuadora y luego mezcla durante 1 a 2 minutos hasta que se mezclen bien.
2. Distribuye el batido entre vasos y luego sirve.

Nutrición:
- Calorías: 270
- Grasa: 7 g
- Grasa saturada: 2 g
- Carbohidratos: 31 g
- Fibra: 8 g
- Azucares: 22 g
- Proteína: 21 g

Bol de batido de proteína de banana

Porciones: 2
Tiempo de preparación: 5 minutos.
Tiempo de cocción: 0 minutos.
Ingredientes:
Para el bol:
- 2 bananas grandes congeladas
- 2 tazas de espinaca
- 2 paquetes de café instantáneo
- 2 cucharadas de proteína de vainilla en polvo
- 2 tazas de leche de chocolate con almendras
- 1/2 taza de cubitos de hielo

Para la cobertura:
- 1 banana, pelada y en rodajas
- 2 cucharadas de semillas de chía
- 2 cucharadas de mantequilla de almendras
- 1/2 taza de fresas en rodajas
- 2 cucharadas de coco rallado, sin azúcar
- 2 cucharadas de almendras tostadas

Instrucciones:
1. Agrega todos los ingredientes para el bol en un procesador de alimentos o licuadora y luego mezcla durante 1 a 2 minutos hasta que se mezclen bien.
2. Distribuye el batido entre los tazones, luego cubre uniformemente con rodajas de banana, semillas de chía, mantequilla de almendras, fresas, coco y almendras y luego sirve.

Nutrición:
- Calorías: 272
- Grasa: 4 g
- Grasa saturada: 1 g
- Carbohidratos: 45 g
- Fibra: 7,2 g
- Azucares: 26,6 g
- Proteína: 20 g

Batido verde de proteína de chocolate

Porciones: 4
Tiempo de preparación: 5 minutos.
Tiempo de cocción: 0 minutos.
Ingredientes:
- 3 dátiles Medjool grandes, sin centro
- 1 banana grande congelada
- 1 taza de col rizada orgánica congelada
- 2 cucharadas de aguacate picado
- 2 cucharadas de cacao en polvo sin azúcar
- 2 cucharadas de semillas de cáñamo, peladas
- 1/8 cucharadita de canela
- 1 1/2 tazas de leche de almendras sin azúcar
- 1/2 taza de cubitos de hielo

Instrucciones:
1. Agrega todos los ingredientes en un procesador de alimentos o licuadora y luego mezcla durante 1 a 2 minutos hasta que se mezclen bien.
2. Distribuye el batido entre vasos y luego sirve.

Nutrición:
- Calorías: 290
- Grasa: 3 g
- Grasa saturada: 1 g
- Carbohidratos: 37 g
- Fibra: 9 g
- Azucares: 23 g
- Proteína: 34 g

Batido de chocolate y frijoles negros

Porciones: 4
Tiempo de preparación: 5 minutos.
Tiempo de cocción: 0 minutos.
Ingredientes:
- 1 taza de frijoles negros cocidos
- 2 bananas congeladas
- 4 dátiles Medjool, sin centro
- 2 tazas de coliflor congelada
- 2 cucharaditas de canela molida
- 2 cucharadas de semillas de cáñamo
- 2 cucharadas de cacao en polvo sin azúcar
- 2 tazas de leche de almendras sin azúcar

Instrucciones:
1. Agrega todos los ingredientes en un procesador de alimentos o licuadora y luego mezcla durante 1 a 2 minutos hasta que se mezclen bien.
2. Distribuye el batido entre vasos y luego sirve.

Nutrición:
- Calorías: 226
- Grasa: 5,5 g
- Grasa saturada: 0,5 g
- Carbohidratos: 38,5 g
- Fibra: 9 g
- Azucares: 16 g
- Proteína: 9,5 g

Bol de batido súper verde

Porciones: 2
Tiempo de preparación: 5 minutos.
Tiempo de cocción: 0 minutos.
Ingredientes:
Para el bol:
- 1 taza de bayas mixtas congeladas
- 1/4 de aguacate mediano
- 1 cucharada de harina de linaza
- 2 bananas congeladas
- 2 tazas de espinaca
- 4 cucharadas de mantequilla de maní
- 1 taza de col rizada
- 2 tazas de leche de almendras sin azúcar

Para la cobertura:
- 2 cucharadas de semillas de cáñamo
- 2 cucharadas de pipas de girasol
- 2 cucharadas de coco rallado, sin azúcar
- 1/4 taza de bayas en rodajas

Instrucciones:
1. Agrega todos los ingredientes para el bol en un procesador de alimentos o licuadora y luego mezcla durante 1 a 2 minutos hasta que se mezclen bien.
2. Distribuye el batido entre los tazones, luego cubre uniformemente con semillas de cáñamo, semillas de girasol, coco y bayas y luego sirve.

Nutrición:
- Calorías: 310
- Grasa: 15,6 g
- Grasa saturada: 1,9 g
- Carbohidratos: 41,5 g
- Fibra: 9,5 g
- Azucares: 19 g
- Proteína: 7,9 g

Bol de desayuno de garbanzos revueltos

Porciones: 2
Tiempo de preparación: 5 minutos.
Tiempo de cocción: 12 minutos.
Ingredientes:
Para el revuelto de garbanzos:
- 1/4 de cebolla blanca mediana, pelada y cortada en cubitos
- 12 onzas de garbanzos cocidos
- 1/2 cucharadita de pimienta negra molida
- 1/2 cucharadita de sal
- 1/2 cucharadita de cúrcuma molida
- 1 cucharadita de ajo picado
- 1 cucharadita de aceite de oliva

Para el bol de desayuno:
- 1 aguacate mediano, sin centro, pelado y cortado en cubitos
- 1 taza de lechugas mixtas
- 4 cucharadas de cilantro picado
- 4 cucharadas de perejil picado

Instrucciones:
1. Para preparar el revuelto de garbanzos, toma un bol grande, agrega los garbanzos, rocía con un poco de agua y haz puré con un tenedor hasta que se rompa.
2. Agrega pimienta negra, sal y cúrcuma a los garbanzos y luego revuelve hasta que se combinen.
3. Toma un sartén mediano, colócalo a fuego medio, agrega aceite y cuando esté caliente, agrega la cebolla y cocina por 5 minutos hasta que se ablande.
4. Agrega el ajo, continúa cocinando durante 1 minuto hasta que esté fragante y dorado, agrega los garbanzos triturados, revuelve bien y cocina por 5 minutos o hasta que se saltee.
5. Para ensamblar los tazones, distribuye las verduras mixtas de manera uniforme entre los tazones, cubre con los garbanzos cocidos revueltos y luego cubre con perejil, cilantro y rodajas de aguacate.
6. Sirve de inmediato.

Nutrición:
- Calorías: 457,5
- Grasa: 16,3 g
- Grasa saturada: 26,8 g
- Carbohidratos: 123,5 g
- Fibra: 39,2 g
- Azúcares: 22,6 g
- Proteína: 32 g

Ensalada de cereales para el desayuno

Porciones: 6
Tiempo de preparación: 40 minutos.
Tiempo de cocción: 25 minutos.
Ingredientes:
- 1 taza de quínoa dorada
- 2 tazas de bayas mixtas
- 1/2 taza de mijo
- 1 taza de avena, cortada en acero
- Trozo de jengibre de 1 pulgada, pelado y cortado en monedas
- 2 limones, rallados, exprimidos
- 3/4 cucharadita de sal
- 1/2 taza de jarabe de arce
- 1/4 de cucharadita de nuez moscada
- 2 tazas de avellanas picadas y tostadas
- 3 cucharadas de aceite de oliva, divididas
- 1/2 taza de agua
- 1 taza de yogur de soja

Instrucciones:
1. Toma una cacerola mediana, aproximadamente 3 cuartos, colócala a fuego medio-alto, agrega 1 cucharada de aceite y cuando esté caliente, agrega la quínoa, el mijo y la avena, revuelve bien y cocina por 3 minutos hasta que esté fragante y tostado.
2. Agrega el jengibre, la ralladura de 1 limón, la sal y el agua, revuelve hasta que se mezcle y deje que la mezcla hierva.
3. Luego, cambia el fuego a nivel medio, cocina a fuego lento durante 20 minutos, luego retira el sartén del fuego, cúbrelo con la tapa y déjelo reposar durante 5 minutos.
4. Después de 5 minutos, esponja el grano con un tenedor, retira el jengibre, transfiere los granos a una bandeja para hornear grande, extiéndelos uniformemente y enfría durante 30 minutos.
5. Luego toma un tazón grande, transfiere los granos enfriados en él, agrega la ralladura del segundo limón y revuelve hasta que se mezcle.
6. Toma un tazón mediano, agrega el jugo de limón y el aceite restante y luego bate hasta que esté emulsionado.
7. Agrega la nuez moscada, el jarabe de arce y el yogur, bate hasta que se combinen, luego vierte esta mezcla en los granos y revuelve bien hasta que esté cubierto.
8. Agrega los arándanos y las nueces, revuelve hasta que se mezclen, prueba para ajustar el condimento y luego sirve.

Nutrición:
- Calorías: 353
- Grasa: 20,1 g
- Grasa saturada: 2,5 g

- Carbohidratos: 38 g
- Fibra: 5,5 g
- Azucares: 12,6 g
- Proteína: 9,3 g

Panqueques de proteína de banana

Porciones: 3
Tiempo de preparación: 10 minutos.
Tiempo de cocción: 10 minutos.
Ingredientes:
- 1 banana grande, pelada y triturada
- 1 taza de harina para todo uso
- 1 cucharadita de levadura en polvo
- ¼ de cucharadita de canela
- 1 cucharadita de bicarbonato de sodio
- 2 cucharadas de sirope de arce
- 1 cucharadita de extracto de vainilla sin azúcar
- 1 cucharada de aceite de coco
- 1 taza de leche de almendras sin azúcar

Instrucciones:
1. Toma un tazón mediano, coloca el plátano triturado en él, agrega la vainilla, vierte la leche y revuelve con un batidor de mano hasta que se combine, reserva hasta que se requiera.
2. Toma otro tazón mediano, coloca la harina en él, agrega el polvo de hornear, la canela y el bicarbonato de sodio, revuelve hasta que se mezclen y luego mezcla la mezcla de plátano hasta que se incorpore y se forme una masa suave.
3. Toma una sartén mediana, colócala a fuego medio, agrega aceite de coco y, cuando esté caliente, agrega ¼ de taza de la masa, dale forma suave a un panqueque y cocina por 2 minutos por lado hasta que esté dorado por todos lados.
4. Cuando esté listo, transfiere el panqueque a un plato y luego repite con la masa restante.
5. Rocía jarabe de arce sobre los panqueques y luego sirve.

Nutrición:
- Calorías: 284,3
- Grasa: 4,7 g
- Grasa saturada: 4 g
- Carbohidratos: 52 g
- Fibra: 2,6 g
- Azúcares: 13,8 g
- Proteína: 8,5 g

Panqueque de garbanzos

Porciones: 2
Tiempo de preparación: 5 minutos.
Tiempo de cocción: 20 minutos.
Ingredientes:
- 1 taza de harina de garbanzo
- ½ taza de cebolla verde picada
- ½ taza de pimiento rojo picado
- ½ cucharadita de ajo en polvo
- ¼ de cucharadita de pimienta negra molida
- ½ cucharadita de sal marina
- ¼ de cucharadita de hojuelas de pimiento rojo
- ½ cucharadita de levadura en polvo
- ½ taza y 2 cucharadas de agua
- Hummus según sea necesario para servir

Instrucciones:
1. Toma un tazón mediano, agrega harina de garbanzos, agrega ajo en polvo, pimienta negra, sal, hojuelas de pimiento rojo y polvo de hornear, luego mezcla con agua hasta que la masa suave se una y agrega las cebollas verdes hasta que se combinen.
2. Toma una sartén, de aproximadamente 10 pulgadas, colócala a fuego medio, rocíala con aceite y cuando esté caliente, vierte la mitad de la masa en ella, extiéndela suavemente y luego cocina por 5 minutos por lado hasta que esté cocida y dorada por ambos lados.
3. Cuando esté listo, transfiere el panqueque a un plato y repite con el resto de la masa.
4. Sirve los panqueques con hummus.

Nutrición:
- Calorías: 100
- Grasa: 1,5 g
- Grasa saturada: 0 g
- Carbohidratos: 15 g
- Fibra: 3 g
- Azúcares: 4 g
- Proteína: 5 g

Panqueques de calabaza y chía

Porciones: 4
Tiempo de preparación: 15 minutos.
Tiempo de cocción: 10 minutos.
Ingredientes:
- 1 taza de harina blanca para todo uso
- 1/2 cucharadita de sal
- 2 cucharaditas de polvo de hornear
- 3 cucharadas de semillas de chía
- 1/2 cucharadita de bicarbonato de sodio
- 1 cucharadita de especias para pastel de calabaza
- 1 cucharada de sirope de arce
- 2 cucharaditas de extracto de vainilla sin azúcar
- 1 cucharada de vinagre blanco
- 3 cucharadas de aceite de coco derretido
- 1/2 taza de puré de calabaza
- 2 ½ cucharadas de agua
- 1 cucharada de linaza molida
- 1 taza de leche de almendras

Instrucciones:
1. Prepara la linaza y para ello toma un bol pequeño, agrega linaza, agrega agua y deja reposar la mezcla por 5 minutos hasta que espese.
2. Toma un tazón mediano, vierte la leche de almendras, agrega el vinagre y déjalo reposar durante 5 minutos.
3. Luego toma un tazón grande, coloca la harina en él, agrega las semillas de chía, el polvo de hornear y la soda, la harina, la sal, las especias para pastel de calabaza y bate hasta que esté bien mezclado.
4. Transfiere la linaza al tazón que contiene la mezcla de leche de almendras, usa una batidora eléctrica para batir bien y luego agrega el jarabe de arce, la vainilla, el aceite y el puré de calabaza hasta que se combinen.
5. Vierte esta mezcla en la harina y luego revuelve hasta que se mezcle.
6. Toma una sartén grande, colócala a fuego medio, vierte 1/3 de taza de la masa en la sartén, extiéndala suavemente y cocina durante 2 minutos por lado hasta que esté dorado y cocido.
7. Cuando esté listo, transfiere el panqueque a un plato y repita con el resto de la masa.
8. Rocía un poco más de jarabe de arce sobre los panqueques y luego sirve.

Nutrición:
- Calorías: 292,5
- Grasa: 14 g
- Grasa saturada: 8,8 g
- Carbohidratos: 35,1 g

- Fibra: 4,8 g
- Azúcares: 4,7 g
- Proteína: 6,6 g

Avena energética

Porciones: 2
Tiempo de preparación: 5 minutos.
Tiempo de cocción: 10 minutos.
Ingredientes:
- 1/2 taza de bayas mixtas congeladas
- 1 taza de avena en hojuelas
- 1 cucharada de linaza molida
- 1/4 taza de almendras trituradas
- 1 cucharada de semillas de chía
- 3 cucharadas de semillas de calabaza
- 1/4 de cucharadita de canela
- ½ cucharada de sirope de arce
- 2 tazas de agua

Instrucciones:
1. Toma una cacerola mediana, colócala a fuego medio, agrega la avena y la canela, vierte el agua, revuelve hasta que se mezcle y luego cocina a fuego lento durante 5 minutos hasta que se haya absorbido todo el líquido.
2. Luego agrega las bayas y la linaza, revuelve hasta que se combinen, cocina por 3 minutos hasta que estén calientes y luego retira la sartén del fuego.
3. Transfiere la avena a un tazón, agrega los ingredientes restantes, rocía con jarabe de arce al final y luego sirve.

Nutrición:
- Calorías 355
- Grasa: 16,2 g
- Grasa saturada: 2,1 g
- Carbohidratos: 40,8 g
- Fibra: 19,9 g
- Azúcares: 8 g
- Proteína: 11,5 g

Tortilla española

Porciones: 2
Tiempo de preparación: 10 minutos.
Tiempo de cocción: 30 minutos.
Ingredientes:
- 10 onzas de papas, peladas y cortadas en cubitos
- 1 cebolla morada grande, pelada y en rodajas
- 1 taza de harina de garbanzo
- ¼ de cucharadita de sal negra
- ½ cucharadita de pimienta negra molida
- 1 cucharadita de sal
- 2 cucharadas de aceite de oliva
- 1 taza de agua

Instrucciones:
1. Toma una cacerola grande, colócala a fuego lento, agrega 1 cucharada de aceite y cuando esté caliente, agrega las cebollas y las papas y cocina por 20 minutos hasta que las papas estén cocidas.
2. Mientras tanto, toma un tazón mediano, coloca la harina, agrega sal y pimienta negra, y mezcla con agua hasta que se forme una masa suave.
3. Cuando las papas se hayan cocido, vierte la mezcla de harina de garbanzos, revuelve hasta que se combinen y retira la sartén del fuego.
4. Toma una sartén mediana, colócala a fuego medio, agrega el aceite restante y cuando esté caliente, vierte la mezcla de garbanzos preparada y cocina de 5 a 8 minutos por lado hasta que esté cocido y bien dorado.
5. Transfiere la tortilla a un plato, córtalas en gajos y luego sírvela con una ensalada verde.

Nutrición:
- Calorías: 225
- Grasa: 3 g
- Grasa saturada: 0,2 g
- Carbohidratos: 30,5 g
- Fibra: 8,7 g
- Azúcares: 7,6 g
- Proteína: 15,3 g

Barras de desayuno

Porciones: 6
Tiempo de preparación: 5 minutos.
Tiempo de cocción: 20 minutos.
Ingredientes:
- 1/2 taza de semillas de sésamo
- 1 1/2 tazas de nueces mixtas, picadas
- 1/2 taza de semillas de cáñamo sin cáscara
- 1 taza de coco rallado
- 1/2 taza de semillas de calabaza
- 1/2 taza de pasas
- 4 cucharadas de sirope de arce
- 1 cucharadita de canela en polvo
- 1 cucharadita de extracto de vainilla sin azúcar
- 1/2 taza de mantequilla de anacardo

Instrucciones:
1. Enciende el horno, luego ajústalo a 350°F y déjalo precalentar.
2. Mientras tanto, toma un plato grande, coloca el coco en él, agrega la canela, las pasas, las nueces y las semillas y revuelve hasta que se combinen.
3. Toma una cacerola grande, colócala a fuego medio, agrega la mantequilla de anacardo y el jarabe de arce y cocina de 3 a 4 minutos hasta que la mantequilla se derrita y revuelve con frecuencia hasta que se forme una masa suave.
4. Luego retira la sartén del fuego, agrega la vainilla, revuelve hasta que se mezcle, luego agrega la mezcla de nueces preparada y revuelve bien hasta que se combinen.
5. Toma una bandeja para brownie, cúbrela con papel pergamino, coloca la mezcla de nueces con una cuchara, extiéndela uniformemente presionando firmemente y luego hornea por 15 minutos hasta que se dore.
6. Cuando esté listo, corta inmediatamente la mezcla en doce barras, deje enfriar durante 10 minutos y luego sirve.

Nutrición:
- Calorías: 325
- Grasa: 17 g
- Grasa saturada: 6 g
- Carbohidratos: 26 g
- Fibra: 3,3 g
- Azúcares: 11 g
- Proteína: 15 g

Barritas de proteína de mantequilla de maní

Porciones: 6
Tiempo de preparación: 1 hora y 10 minutos.
Tiempo de cocción: 1 minuto.
Ingredientes:
- 1 1/2 tazas de avena rápida
- 1 taza de mantequilla de maní
- 1 taza de proteína de vainilla en polvo
- 3/4 taza de miel

Instrucciones:
1. Toma un tazón mediano resistente al calor, coloca mantequilla de maní en él, agrega miel y luego cocina en el microondas durante 30 segundos.
2. Revuelve la mezcla, continúa cocinando en el microondas por otros 30 segundos, luego agrega la proteína en polvo y la avena y revuelve nuevamente hasta que estén bien combinados.
3. Toma una bandeja para hornear de 9 por 9 pulgadas, cúbrela con una hoja de pergamino, coloca la mezcla de avena preparada con una cuchara, extiéndala de manera uniforme presionando en la sartén y luego congela durante 1 hora, no cubras la bandeja.
4. Después de 1 hora, retira la bandeja para hornear del congelador, corta la mezcla en doce barras y sirve.

Nutrición:
- Calorías: 263
- Grasa: 12 g
- Grasa saturada: 3 g
- Carbohidratos: 30 g
- Fibra: 2 g
- Azúcares: 20 g
- Proteína: 13 g

Barras de desayuno de arándanos

Porciones: 4
Tiempo de preparación: 1 hora y 10 minutos.
Tiempo de cocción: 1 hora.
Ingredientes:
- 1 ½ taza de copos de avena
- ⅓ taza de semillas de lino molidas
- ½ taza de arándanos secos
- ¾ taza de almendras
- ½ taza de pistachos
- ⅓ taza de semillas de calabaza
- ⅓ taza de nueces
- ¼ de taza de semillas de girasol
- ⅓ taza de sirope de arce
- 1 taza de mantequilla de almendras
- ¼ de taza de puré de manzana sin azúcar

Instrucciones:
1. Toma un tazón grande, coloca las almendras junto con los ingredientes restantes, excepto el jarabe de arce, la mantequilla y la compota de manzana, y luego revuelve hasta que se mezclen.
2. Agrega la compota de manzana y el jarabe de arce, revuelve hasta que se combinen y luego agrega la mantequilla de almendras hasta que se combinen.
3. Toma un molde para hornear de 8 por 8 pulgadas, cúbralo con una hoja de pergamino, coloca la mezcla de avena preparada con una cuchara, extiéndalo uniformemente presionando en el molde y luego congele durante 1 hora, no cubra el molde.
4. Después de 1 hora, retire la bandeja para hornear del congelador, corte la mezcla en ocho barras y sirve.

Nutrición:
- Calorías: 232
- Grasa: 16,2 g
- Grasa saturada: 1,6 g
- Carbohidratos: 15,2 g
- Fibra: 3,8 g
- Azúcares: 5,1 g
- Proteína: 8,1 g

Avena de tarta de queso con arándanos

Porciones: 2
Tiempo de preparación: 4 horas y 10 minutos.
Tiempo de cocción: 3 minutos.
Ingredientes:
Para la avena:
- 4 cucharadas de semillas de chía
- ½ taza de arándanos
- 1 1/2 taza de avena
- 2 cucharaditas de edulcorante de eritritol
- 2 cucharadas de ralladura de limón
- 2/3 taza de yogur vegano de almendras
- 1 1/4 taza de leche de coco sin azúcar
- Jugo de 1 limón

Para la compota de arándanos:
- 2 cucharadas de sirope de arce
- 1 taza de arándanos
- 2 cucharaditas de harina de maíz

Instrucciones:
1. Toma un tazón grande, coloca todos los ingredientes para la avena y revuelve hasta que se combinen.
2. Luego coloca el bol en el refrigerador y déjalo enfriar por un mínimo de 4 horas.
3. Mientras tanto, prepara la compota de arándanos y para esto, toma un tazón pequeño resistente al calor, agrega los arándanos y ponlos en el microondas durante 2 minutos hasta que estén calientes.
4. Tritura las bayas con un tenedor hasta que se rompan y luego pasa la mezcla por un colador colocado en el tazón.
5. Agrega harina de maíz y jarabe de arce al jugo de arándanos, cocina en el microondas nuevamente durante 1 minuto o hasta que se espese y reserva hasta que se requiera.
6. Después de 4 horas, distribuye la avena entre dos tazones, cubre uniformemente con la compota y luego sirve.

Nutrición:
- Calorías: 243
- Grasa: 7,5 g
- Grasa saturada: 3,1 g
- Carbohidratos: 38,8 g
- Fibra: 6 g
- Azúcares. 9,7 g
- Proteína. 7 g

Revuelto de espinacas y tofu

Porciones: 2
Tiempo de preparación: 10 minutos.
Tiempo de cocción: 30 minutos.
Ingredientes:
- 5 tazas de espinaca picada
- 14 onzas de tofu, firme, prensado, escurrido, en cubos de 1/2 pulgada
- 3 cebolletas, en rodajas
- 1 taza de tomates uva, cortados por la mitad
- 1/2 taza de albahaca picada
- ½ cucharadita de pimienta negra molida
- ½ cucharadita de sal
- 1/8 cucharadita de pimienta de cayena molida
- ½ cucharadita de cúrcuma molida
- 2 cucharaditas de jugo de limón
- 2 cucharadas de aceite de oliva

Instrucciones:
1. Toma un tazón mediano, coloca cubos de tofu en él, agrega ½ cucharadita de pimienta negra, ¼ de cucharadita de sal, cúrcuma y pimienta de cayena y mezcla hasta que se combinen, reserva hasta que se requiera.
2. Toma una sartén grande, colócala a fuego medio-alto, agrega aceite y cuando esté caliente, agrega las partes blancas de cebolleta y cocina por 1 minuto hasta que se ablande.
3. Agrega los cubos de tofu, revuelve bien y cocina por 5 minutos hasta que estén ligeramente dorados.
4. Agrega la espinaca, sazona con la sal restante, rocía con jugo de limón, revuelve hasta que se mezcle y cocina por 1 minuto hasta que las hojas de espinaca se hayan marchitado.
5. Agrega las partes verdes de las cebolletas junto con los tomates, revuelve bien y cocina por 2 minutos hasta que estén calientes.
6. Retira la sartén del fuego, decora con albahaca y luego sirve.

Nutrición:
- Calorías: 320
- Grasa: 23 g
- Grasa saturada: 3 g
- Carbohidratos: 12 g
- Fibra: 5 g
- Azúcares: 3 g
- Proteína: 21 g

Recetas para el almuerzo

Plato de papa increíble

Porciones: 4
Tiempo de preparación: 10 minutos.
Tiempo de cocción: 3 horas.
Ingredientes:
- 1 libra y media de papas, peladas y picadas
- 1 cucharada de aceite de oliva
- 3 cucharadas de agua
- 1 cebolla amarilla pequeña, picada
- 1/2 taza de cubitos de caldo de verduras, desmenuzado
- 1/2 cucharadita de cilantro molido
- 1/2 cucharadita de comino molido
- 1/2 cucharadita de garam masala
- 1/2 cucharadita de chile en polvo
- Pimienta negra al gusto
- 1/2 libra de espinacas, desgarradas

Instrucciones:
1. Pon las papas en tu olla de cocción lenta.
2. Agrega aceite, agua, cebolla, caldo en cubitos, cilantro, comino, garam masala, chile en polvo, pimienta negra y espinacas.
3. Revuelve, cubre y cocina a temperatura alta durante 3 horas.
4. Divide en tazones y sirve.
5. ¡Disfruta!

Nutrición:
- Calorías: 270
- Grasa: 4 g
- Fibra: 6 g
- Carbohidratos: 8 g
- Proteína: 12 g

Pizza increíblemente sabrosa

Porciones: 3
Tiempo de preparación: 1 hora y 10 minutos.
Tiempo de cocción: 1 hora y 45 minutos.
Ingredientes:
Para la masa:
- 1/2 cucharadita de condimento italiano
- 1 y 1/2 tazas de harina integral
- 1 y 1/2 cucharaditas de levadura instantánea
- 1 cucharada de aceite de oliva
- 1 pizca de sal
- 1/2 taza de agua tibia
- Spray para cocinar

Para la salsa:
- 1/4 de taza de aceitunas verdes, sin centro y en rodajas
- 1/4 de taza de aceitunas Kalamata, sin centro y en rodajas
- 1/2 taza de tomates triturados
- 1 cucharada de perejil picado
- 1 cucharada de alcaparras, enjuagadas
- 1/4 de cucharadita de ajo en polvo
- 1/4 de cucharadita de albahaca seca
- 1/4 de cucharadita de orégano seco
- 1/4 de cucharadita de azúcar de palma
- 1/4 de cucharadita de hojuelas de pimiento rojo
- 1 pizca de sal y pimienta negra
- 1/2 taza de mozzarella de anacardos, rallada

Instrucciones:
1. En tu procesador de alimentos, mezcla la levadura con el condimento italiano, 1 pizca de sal y harina.
2. Agrega el aceite y el agua y licúa bien hasta obtener una masa.
3. Transfiere la masa a una superficie de trabajo enharinada, amasa bien, transfiere a un recipiente engrasado, cubre y deja reposar por 1 hora.
4. Mientras tanto, en un bol, mezcla aceitunas verdes con aceitunas Kalamata, tomates, perejil, alcaparras, ajo en polvo, orégano, azúcar, sal, pimienta y hojuelas de pimienta y revuelve bien.
5. Vuelve a colocar la masa de pizza en una superficie de trabajo y aplánala.
6. Dale forma para que se ajuste a tu olla de cocción lenta.
7. Engrasa tu olla de cocción lenta con aceite en aerosol y agrega la masa.
8. Presiona bien en la parte inferior.
9. Extiende la mezcla de salsa por todas partes, cubre y cocina a fuego alto durante 1 hora y 15 minutos.

10. Extiende la mozzarella vegana por todas partes, tapa de nuevo y cocina a fuego alto durante 30 minutos más.
11. Deja que la pizza se enfríe antes de cortarla y servirla.

Nutrición:

- Calorías: 340
- Grasa: 5 g
- Fibra: 7 g
- Carbohidratos: 13 g
- Proteína: 15 g

Sopa de frijoles ricos

Porciones: 4
Tiempo de preparación: 10 minutos.
Tiempo de cocción: 7 horas.
Ingredientes:
- 1 libra de frijoles blancos
- 1 cebolla amarilla picada
- 4 dientes de ajo machacados
- 2 cuartos de caldo de verduras
- 1 pizca de sal marina
- Pimienta negra al gusto
- 2 papas, peladas y en cubos
- 2 cucharaditas de eneldo seco
- 1 taza de tomates secos, picados
- 1 libra de zanahorias, en rodajas
- 4 cucharadas de perejil picado

Instrucciones:
1. Pon el caldo en tu olla de cocción lenta.
2. Agrega los frijoles, la cebolla, el ajo, las papas, los tomates, las zanahorias, el eneldo, la sal y la pimienta, revuelve, cubre y cocina a fuego lento durante 7 horas.
3. Revuelve tu sopa, agrega el perejil, divide en tazones y sirve.
4. ¡Disfruta!

Nutrición:
- Calorías: 250
- Grasa: 4 g
- Fibra: 3 g
- Carbohidratos: 9 g
- Proteína: 10 g

Deliciosos frijoles horneados

Tiempo de preparación: 10 minutos.
Tiempo de cocción: 12 horas.
Porciones: 8
Ingredientes:
- 1 libra de frijoles blancos, remojados durante la noche y escurridos
- 1 taza de jarabe de arce
- 1 taza de bourbon
- 1 taza de salsa de BBQ vegana
- 1 taza de azúcar de palma
- 1/4 de taza de salsa de tomate
- 1 taza de agua
- 1/4 de taza de mostaza
- 1/4 de taza de melaza negra
- 1/4 taza de vinagre de sidra de manzana
- 1/4 de taza de aceite de oliva
- 2 cucharadas de aminoácidos de coco

Instrucciones:
1. Pon los frijoles en tu olla de cocción lenta.
2. Agrega el jarabe de arce, bourbon, salsa BBQ, azúcar, salsa de tomate, agua, mostaza, melaza, vinagre, aceite y aminoácidos de coco.
3. Revuelve todo, tapa y cocina a temperatura baja durante 12 horas.
4. Divide en tazones y sirve.
5. ¡Disfruta!

Nutrición:
- Calorías: 430
- Grasa: 7 g
- Fibra: 8 g
- Carbohidratos: 15 g
- Proteína: 19 g

Deliciosa sopa de calabaza

Porciones: 8
Tiempo de preparación: 10 minutos.
Tiempo de cocción: 6 horas.
Ingredientes:
- 1 manzana, sin centro, pelada y picada
- 1/2 libra de zanahorias picadas
- 1 libra de calabaza, pelada y cortada en cubos
- 1 cebolla amarilla picada
- 1 pizca de sal marina
- Pimienta negra al gusto
- 1 hoja de laurel
- 3 tazas de caldo de verduras
- 14 onzas de leche de coco enlatada
- 1/4 de cucharadita de salvia seca

Instrucciones:
1. Pon el caldo en tu olla de cocción lenta.
2. Agrega la calabaza, las zanahorias, la cebolla, la sal, la pimienta y la hoja de laurel.
3. Revuelve, tapa y cocina a fuego lento durante 6 horas.
4. Transfiere a tu licuadora, agrega la leche de coco y la salvia y mezcla muy bien.
5. Sirve en tazones y sirve de inmediato.
6. ¡Disfruta!

Nutrición:
- Calorías: 200
- Grasa: 3 g
- Fibra: 6 g
- Carbohidratos: 8 g
- Proteína: 10 g

Increíble estofado de champiñones

Porciones: 4
Tiempo de preparación: 10 minutos.
Tiempo de cocción: 8 horas.
Ingredientes:
- 2 dientes de ajo picados
- 1 tallo de apio picado
- 1 cebolla amarilla picada
- 1 y 1/2 tazas de tofu firme, prensado y cortado en cubos
- 1 taza de agua
- 10 onzas de champiñones picados
- 1 libra mezcla de guisantes, maíz y zanahorias
- 2 y 1/2 tazas de caldo de verduras
- 1 cucharadita de tomillo seco
- 2 cucharadas de harina de coco
- 1 pizca de sal marina
- Pimienta negra al gusto

Instrucciones:
1. Pon el agua y el caldo en tu olla de cocción lenta.
2. Agrega ajo, cebolla, apio, champiñones, vegetales mixtos, tofu, tomillo, sal, pimienta y harina.
3. Revuelve todo, tapa y cocina a fuego lento durante 8 horas.
4. Divide en tazones y sirve caliente.
5. ¡Disfruta!

Nutrición:
- Calorías: 230
- Grasa: 4 g
- Fibra: 6 g
- Carbohidratos: 10 g
- Proteína: 7 g

Jambalaya especial

Porciones: 4
Tiempo de preparación: 10 minutos.
Tiempo de cocción: 6 horas.
Ingredientes:
- 6 onzas de chorizo de soya, picado
- 1 y 1/2 tazas de costillas de apio, picadas
- 1 taza de quimbombó
- 1 pimiento verde picado
- 16 onzas de tomates enlatados y chiles verdes, picados
- 2 dientes de ajo picados
- 1/2 cucharadita de pimentón
- 1 y 1/2 tazas de caldo de verduras
- 1 pizca de pimienta de cayena
- Pimienta negra al gusto
- 1 pizca de sal
- 3 tazas de arroz salvaje ya cocido para servir

Instrucciones:
1. Calienta un sartén a fuego medio-alto, agrega el chorizo de soja, revuelve, dora por unos minutos y transfiere a tu olla de cocción lenta.
2. Además, agrega apio, pimiento, quimbombó, tomates y chiles, ajo, pimentón, sal, pimienta y cayena a tu olla de cocción lenta.
3. Revuelve todo, agrega el caldo de verduras, cubre la olla de cocción lenta y cocina a fuego lento durante 6 horas.
4. Divide el arroz en platos, cubre cada porción con su jambalaya vegano y sirve caliente. ¡Disfruta!

Nutrición:
- Calorías: 150
- Grasa: 3 g
- Fibra: 7 g
- Carbohidratos: 15 g
- Proteína: 9 g

Deliciosa sopa de acelgas

Porciones: 6
Tiempo de preparación: 10 minutos.
Tiempo de cocción: 8 horas.
Ingredientes:
- 1 cebolla amarilla picada
- 1 cucharada de aceite de oliva
- 1 tallo de apio picado
- 2 dientes de ajo picados
- 1 zanahoria picada
- 1 manojo de acelgas, desgarrado
- 1 taza de lentejas marrones, secas
- 5 papas, peladas y en cubos
- 1 cucharada de salsa de soja
- Pimienta negra al gusto
- 1 pizca de sal marina
- 6 tazas de caldo de verduras

Instrucciones:
1. Calienta un sartén grande con el aceite a fuego medio-alto, agrega la cebolla, el apio, el ajo, la zanahoria y la acelga, revuelve, cocina por unos minutos y transfiere a tu olla de cocción lenta.
2. Además, agrega lentejas, papas, salsa de soja, sal, pimienta y caldo a la olla de cocción lenta, revuelve, cubre y cocina a temperatura baja durante 8 horas.
3. Divide en tazones y sirve caliente.
4. ¡Disfruta!

Nutrición:
- Calorías: 200
- Grasa: 4 g
- Fibra: 5 g
- Carbohidratos: 9 g
- Proteína: 12 g

Tofu chino y verduras

Porciones: 4
Tiempo de preparación: 10 minutos.
Tiempo de cocción: 4 horas.
Ingredientes:

- 14 onzas de tofu extra firme, prensado y cortado en triángulos medianos
- Spray para cocinar
- 2 cucharaditas de jengibre rallado
- 1 cebolla amarilla picada
- 3 dientes de ajo picados
- 8 onzas de salsa de tomate
- 1/4 de taza de salsa hoisin
- 1/4 de cucharadita de aminoácidos de coco
- 2 cucharadas de vinagre de vino de arroz
- 1 cucharada de salsa de soja
- 1 cucharada de mostaza picante
- 1/4 de cucharadita de pimentón rojo triturado
- 2 cucharaditas de melaza
- 2 cucharadas de agua
- 1 pizca de pimienta negra
- 3 tallos de brócoli
- 1 pimentón verde, cortado en cuadritos
- 2 calabacines, en cubos

Instrucciones:

1. Calienta un sartén a fuego medio-alto, agrega los trozos de tofu, dóralos por unos minutos y transfiérelos a tu olla de cocción lenta.
2. Calienta el sartén nuevamente a fuego medio-alto, agrega el jengibre, la cebolla, el ajo y la salsa de tomate, revuelve, saltea por unos minutos y transfiere también a tu olla de cocción lenta.
3. Agrega la salsa hoisin, aminoácidos, vinagre, salsa de soja, mostaza, pimiento rojo, melaza, agua y pimienta negra, revuelve suavemente, cubre y cocina a fuego alto durante 3 horas.
4. Agrega los calabacines, pimentón y brócoli, cubre y cocina a fuego alto durante 1 hora más.
5. Divide en platos y sirve de inmediato.
6. ¡Disfruta!

Nutrición:

- Calorías: 300
- Grasa: 4 g
- Fibra: 8 g
- Carbohidratos: 14 g

- Proteína: 13 g

Maravillosa sopa de maíz

Porciones: 6
Tiempo de preparación: 10 minutos.
Tiempo de cocción: 8 horas y 30 minutos.
Ingredientes:
- 2 tazas de cebolla amarilla picada
- 2 cucharadas de aceite de oliva
- 1 pimentón rojo picado
- 1 libra de papas doradas, en cubos
- 1 cucharadita de comino, molido
- 4 tazas de granos de elote
- 4 tazas de caldo de verduras
- 1 taza de leche de almendras
- 1 pizca de sal
- 1 pizca de pimienta de cayena
- 1/2 cucharadita de pimentón ahumado
- Cebollín picado para servir

Instrucciones:
1. Calienta un sartén con el aceite a fuego medio, agrega la cebolla, revuelve y saltea por 5 minutos y luego transfiere a tu olla de cocción lenta.
2. Agrega el pimentón, 1 taza de maíz, papas, comino, sal y pimienta de cayena, revuelve, cubre y cocina a fuego lento durante 8 horas.
3. Licúa esto usando una licuadora de inmersión y luego mézclalo con la leche de almendras y el resto del maíz.
4. Revuelve la sopa, cubre y cocina a fuego lento durante 30 minutos más.
5. Sirve en tazones con cebollín picado encima.
6. ¡Disfruta!

Nutrición:
- Calorías: 200
- Grasa: 4 g
- Fibra: 7 g
- Carbohidratos: 13 g
- Proteína: 16 g

Guiso de frijol de ojos negros

Porciones: 8
Tiempo de preparación: 10 minutos.
Tiempo de cocción: 4 horas.
Ingredientes:
- 3 tallos de apio picados
- 2 zanahorias en rodajas
- 1 cebolla amarilla picada
- 1 camote, en cubos
- 1 pimentón verde picado
- 3 tazas de frijol de ojo negro, remojados durante 8 horas y escurridos
- 1 taza de puré de tomate
- 4 tazas de caldo de verduras
- 1 pizca de sal
- Pimienta negra al gusto
- 1 chile chipotle, picado
- 1 cucharadita de chile ancho en polvo
- 1 cucharadita de salvia seca y desmenuzada
- 2 cucharaditas de comino molido
- Cilantro picado para servir

Instrucciones:
1. Pon el apio en tu olla de cocción lenta.
2. Agrega las zanahorias, cebolla, papa, pimentón verde, los frijoles, puré de tomate, sal, pimienta, chile en polvo, salvia, chile, comino y caldo.
3. Revuelve, cubre y cocina a fuego alto durante 4 horas.
4. Remueve el estofado nuevamente, divídelo en tazones y sírvelo con cilantro picado encima. ¡Disfruta!

Nutrición:
- Calorías: 200
- Grasa: 4 g
- Fibra: 7 g
- Carbohidratos: 9 g

Proteína: 10 g

Cassoulet de frijoles blancos

Tiempo de preparación: 10 minutos.
Tiempo de cocción: 6 horas.
Porciones: 4
Ingredientes:
- 2 tallos de apio picados
- 3 puerros, en rodajas
- 4 dientes de ajo picados
- 2 zanahorias picadas
- 2 tazas de caldo de verduras
- 15 onzas de tomates enlatados, picados
- 1 hoja de laurel
- 1 cucharada de condimento italiano
- 30 onzas de frijoles blancos enlatados, escurridos

Para el pan rallado:
- Ralladura de 1 limón rallado
- 1 diente de ajo picado
- 2 cucharadas de aceite de oliva
- 1 taza de pan rallado vegano
- ¼ de taza de perejil picado

Instrucciones:
1. Calienta una sartén con un chorrito del caldo de verduras a fuego medio, agregar el apio y los puerros, remover y cocinar por 2 minutos.
2. Agrega las zanahorias y el ajo, revuelve y cocina por 1 minuto más.
3. Agrega esto a su olla de cocción lenta y mezcla con caldo, tomates, laurel, condimento italiano y frijoles.
4. Revuelve, tapa y cocina a fuego lento durante 6 horas.
5. Mientras tanto, calienta una sartén con el aceite a fuego medio alto, agrega el pan rallado, la ralladura de limón, 1 diente de ajo y el perejil, revuelve y tuesta por un par de minutos.
6. Divide la mezcla de frijoles blancos en tazones, espolvorea la mezcla de pan rallado encima y sirve.
7. ¡Disfruta!

Nutrición:
- Calorías: 223
- Grasa: 3 g
- Fibra: 7 g
- Carbohidratos: 10 g
- Proteína: 7 g

Plato ligero de yaca

Tiempo de preparación: 10 minutos.
Tiempo de cocción: 6 horas.
Porciones: 4
Ingredientes:
- 40 onzas de yaca verde en salmuera, escurrida
- ½ taza de néctar de agave
- ½ taza de salsa tamari sin gluten
- ¼ de taza de salsa de soja
- 1 taza de vino blanco
- 2 cucharadas de jengibre rallado
- 8 dientes de ajo picados
- 1 pera, sin corazón y picada
- 1 cebolla amarilla picada
- ½ taza de agua
- 4 cucharadas de aceite de sésamo

Instrucciones:
1. Pon la yaca en tu olla de cocción lenta.
2. Agrega néctar de agave, salsa tamari, salsa de soja, vino, jengibre, ajo, pera, cebolla, agua y aceite.
3. Revuelve bien, tapa y cocina a fuego lento durante 6 horas.
4. Divide la mezcla de yaca en tazones y sirve.
5. ¡Disfruta!

Nutrición:
- Calorías: 160
- Grasa: 4 g
- Fibra: 1 g
- Carbohidratos: 10 g
- Proteína: 3 g

Curry de verduras

Tiempo de preparación: 10 minutos.
Tiempo de cocción: 4 horas.
Porciones: 4
Ingredientes:
- 1 cucharada de jengibre rallado
- 14 onzas de leche de coco enlatada
- Spray para cocinar
- 16 onzas de tofu firme, prensado y cortado en cubos
- 1 taza de caldo de verduras
- ¼ de taza de pasta de curry verde
- ½ cucharadita de cúrcuma
- 1 cucharada de azúcar de coco
- 1 cebolla amarilla picada
- 1 y ½ taza de pimiento rojo picado
- Una pizca de sal
- ¾ Taza de guisantes
- 1 berenjena picada

Instrucciones:
1. Pon la leche de coco en tu olla de cocción lenta.
2. Agrega el jengibre, el caldo, la pasta de curry, la cúrcuma, el azúcar, la cebolla, el pimiento morrón, la sal, los guisantes y los trozos de berenjena, revuelve, tapa y cocina a fuego alto durante 4 horas.
3. Mientras tanto, rocía una sartén con aceite en aerosol y caliéntela a fuego medio alto.
4. Agrega los trozos de tofu y dóralos durante unos minutos por cada lado.
5. Divida el tofu en tazones, agrega la mezcla de curry cocido lentamente encima y sirve.
6. ¡Disfruta!

Nutrición:
- Calorías: 200
- Grasa: 4 g
- Fibra: 6 g
- Carbohidratos: 10 g
- Proteína: 9 g

Tiempo de preparación: 10 minutos
Ingredientes:
- 2 cucharadas de aceite de cacahuete
- 1 taza de queso de maní para untar
- 1 corteza baja en carbohidratos

- 1 taza de cebolla (picada)
- 1 cucharada de ajo (picado)
- 1 taza de tomates asados al fuego
- 1 cucharada de pimiento chipotle (picado)
- ½ taza de agua
- 1 cucharada de chile en polvo
- 2 cucharaditas de comino molido
- 2 cucharaditas de sal
- 1 cucharadita de orégano seco

Número total de Ingredientes: 12

Instrucciones:

1. Selecciona la opción "saltear" en la olla instantánea, esperando hasta que se lea "caliente" para agregar las cebollas y el ajo con aceite de oliva, revolviendo durante unos 30 minutos.
2. Licúa los tomates enlatados y la mantequilla de maní hasta que esté relativamente suave.
3. Mezcla el comino, la sal, el chile en polvo y el orégano; luego mezcla con las cebollas y el ajo durante 30 segundos, dejándolas que se empapen del sabor.
4. Vierte la mezcla de la licuadora en la olla junto con el agua. Cierra la olla y cocina a presión instantánea durante 10 minutos, permitiendo que la presión natural se libere durante 10 minutos después de eso.
5. Mezclar bien y servir con una base baja en carbohidratos para mojar.

Nutrición:
- Calorías: 451
- Carbohidratos: 18,9 g
- Grasas: 37,7 g
- Proteínas: 9,8 g
- Fibra: 4,9 g
- Azúcar: 3,7 g

Shiritaki Alfredo

Porciones: 1
Tiempo de preparación: 10 minutos.
Ingredientes:
- 1 paquete de fideos shiritaki (enjuagados, escurridos)
- 2 cucharadas de aceite de oliva
- ¼ taza de queso crema vegano
- 1 taza de espinaca (congelada)
- Sal, pimienta y ajo en polvo (al gusto)
- Leche de almendras (para alcanzar la consistencia deseada)

Número total de Ingredientes: 8

Instrucciones:
1. Vierte todos los ingredientes en una sartén con aceite de oliva y agrega lentamente la leche de almendras para una sensación cremosa.
2. Una vez que todos los ingredientes estén mezclados y la leche espese, apaga el fuego y sirve.

Nutrición:
- Calorías: 377
- Carbohidratos: 11,3 g
- Grasas: 34,3 g
- Proteínas: 5,6 g
- Fibra: 5,5 g
- Azúcar: 1.0 g

Salteado con especias para tacos

Porciones: 1
Tiempo de preparación: 15 minutos.
Ingredientes:
- 1 paquete de arroz con coliflor
- 1 cucharada de aceite de cacahuete
- 1 cucharada de condimento para tacos
- ½ cucharada de chile en polvo
- 2 cucharada de guacamole
- ¼ de taza de aceitunas en rodajas

Número total de Ingredientes: 6

Instrucciones:
1. Mezcla todos los ingredientes, excepto el guacamole y las aceitunas, en una sartén a fuego medio hasta que el arroz de coliflor se ablande.
2. Retira del fuego y deja enfriar cuando el arroz se haya ablandado, antes de servir.

Nutrición:
- Calorías: 293
- Carbohidratos: 18,7 g
- Grasas: 22,5 g
- Proteína: 4.0 g
- Fibra: 10,5 g
- Azúcar: 3,7 g

Sopa de gloria verde (olla instantánea)

Porciones: 6
Tiempo de preparación: 15 minutos.
Ingredientes:
- 1 cabeza de coliflor (floretes)
- 1 cebolla (cortada en cubitos)
- 2 dientes de ajo (picados)
- 1 taza de espinaca (fresca o congelada)
- 1 hoja de laurel (desmenuzada)
- 1 taza de leche de coco
- 4 tazas de caldo de verduras
- Sal y pimienta para probar
- Hierbas para decorar (opcional)
- ½ taza de aceite de coco

Número total de Ingredientes: 11

Instrucciones:
1. En una olla a presión en modo "saltear", saltea las cebollas y el ajo hasta que estén dorados. Una vez cocidos agrega la coliflor y la hoja de laurel y cocina por unos 5 minutos, revolviendo ocasionalmente.
2. Agrega las espinacas y continúa cocinando y revolviendo por 5 minutos.
3. Vierte el caldo de verduras y programa el temporizador durante 10 minutos a alta presión para que la mezcla hierva; luego permite que la presión se libere rápidamente y agrega la leche de coco.
4. Sazona con las guarniciones de su elección, así como con sal y pimienta. Apaga la olla y mezcla la sopa hasta que se vuelva espesa y cremosa con una batidora de mano.

Nutrición:
- Calorías: 284
- Carbohidratos: 9.1 g
- Grasas: 26,3 g
- Proteínas: 2,9 g
- Fibra: 3,1 g
- Azúcar: 5,3 g

Tapas de hongos rellenas de col rizada

Porciones: 2
Tiempo de preparación: 15 minutos.
Ingredientes:

- 4 tazas de col rizada (fresca, picada)
- 2 cucharadas. Aceite de oliva
- 3 cucharaditas Ajo (picado)
- 1 cucharadita Polvo de ajo
- ½ cucharadita Sal
- 4 tapas de hongos portobello (grandes)

Número total de Ingredientes: 6

Instrucciones:
1. Sofríe el ajo y el aceite de oliva en una sartén. Antes de que se queme, agrega la col rizada, revolviendo bien durante unos 7 minutos. Luego agrega el ajo en polvo y la sal, revolviendo bien durante 3 minutos más. Apaga el fuego.
2. Mezcla la otra mitad del aceite de oliva y el ajo, luego frótala en las tapas de los champiñones.
3. Coloca las tapas en la parrilla a fuego medio, dejándolas cocinar durante unos 10 minutos, 5 minutos por lado, hasta que estén tiernas.
4. Retira de la parrilla y divide la mezcla de col rizada en la parte superior de cada tapa; sirve y disfruta.

Echa un vistazo a esta receta para obtener un bocadillo delicioso y único para condimentar cualquier cena o reunión.

Nutrición:
- Calorías: 81
- Carbohidratos: 7.3 g
- Grasas: 4.8 g
- Proteína: 3 g
- Fibra: 2,2 g
- Azúcar: 1,1 g

Verduras sazonadas hervidas (olla instantánea)

Porciones: 1
Tiempo de preparación: 15 minutos.
Ingredientes:
- 1 berenjena (en cubos, mediana)
- 2 calabacines (cortados a la mitad y en rodajas)
- 8 oz. Hongos (a elegir, en cuartos)
- 6 dientes de ajo (picados)
- 3 ramitas de romero fresco (picado)
- ¼ de taza de aceite de oliva
- 2 cucharadas de vinagre balsámico
- 2 cucharadas de hojuelas de cebolla seca
- ½ taza de agua
- Sal y pimienta para probar

Número total de Ingredientes: 11

Instrucciones:
1. Precaliente el horno a 400°F.
2. En un bol, mezcla todos los ingredientes, revolviendo ligeramente y asegurándote de que todas las verduras estén cubiertas de especias y aceite de oliva.
3. Echa la mezcla en una olla a presión con ½ taza de agua y cocina a alta presión durante unos 20 minutos, permitiendo que la presión se libere de forma natural una vez que se acabe el tiempo.
4. Abre y agrega más o menos de las especias que prefiera.

Si eres un amante de las verduras, seguro que te encantará este plato. ¡Las verduras son alternativas saludables para el corazón, abundantes y amables a otras comidas no veganas o cetogénicas!

Nutrición:
- Calorías: 816
- Carbohidratos: 66,1 g
- Grasas: 55,8 g
- Proteínas: 12,5 g
- Fibra: 26,9 g
- Azúcar: 32,2 g

Sopa de coliflor (olla instantánea)

Porciones: 6
Tiempo de preparación: 10 minutos.
Ingredientes:
- 3 tazas de caldo de verduras
- 2 cucharaditas de polvo de tomillo
- ½ cucharadita de polvo de té verde matcha
- 1 cabeza de coliflor (aproximadamente 2.5 tazas, floretes)
- 1 cucharada de aceite de oliva
- 5 dientes de ajo (picados)
- Sal y pimienta para probar

Número total de Ingredientes: 8

Instrucciones:
1. En una olla a presión instantánea, agrega el caldo de verduras, el tomillo y el matcha en polvo a fuego medio. Lleva a hervir.
2. Agrega la coliflor y configura el temporizador durante 10 minutos a alta presión, lo que permite una rápida liberación de presión cuando termine.
3. En una cacerola, agrega el ajo y el aceite de oliva hasta que estén tiernos y se pueda oler; luego agrégalo a la olla junto con la sal y cocina de 1 a 2 minutos.
4. Apaga el fuego y licúa la sopa hasta que quede suave y cremosa con una licuadora.

Nutrición:
- Calorías: 43
- Carbohidratos: 4,3 g
- Grasas: 2,2 g
- Proteína: 1,4 g
- Fibra: 1,3 g
- Azúcar: 2,2 g

Recetas para la cena

Espaguetis al pesto con albóndigas de garbanzos

Porciones: 4
Tiempo de preparación: 10 minutos.
Tiempo de cocción: 40 minutos.
Ingredientes:
Para las albóndigas de garbanzos:
- 1/3 taza de nueces
- 1 1/2 tazas de garbanzos cocidos
- 1 cebolla blanca pequeña, pelada y picada
- 1/4 taza de hojas de albahaca
- 1 1/2 cucharada de ajo picado
- 1/4 taza de pan rallado
- 2 cucharadas de harina de linaza
- 1/4 de cucharadita de hojuelas de pimiento rojo
- 1/2 cucharadita de sal
- 2 cucharadas de levadura nutricional
- 1 cucharadita de orégano
- 1/2 cucharadita de perejil picado
- 1 cucharada de aceite de oliva
- 1/4 taza de agua

Para el Pesto:
- 2 tazas de hojas de albahaca
- 1 cucharadita de ajo picado
- 1 cucharada de levadura nutricional
- 2 cucharadas de nueces
- 1/4 cucharadita de sal
- 1 cucharada de jugo de limón
- 1 cucharada de aceite de oliva
- 2 cucharadas de agua

Para la Pasta:
- 8 onzas de espaguetis, de trigo integral, cocidos
- 1/2 cucharadita de pimienta negra molida, para decorar

Instrucciones:
1. Para preparar el pesto, coloca la albahaca en un procesador de comida, agrega las nueces, el ajo y la levadura y mezcla por 2 minutos hasta que esté picada.
2. Agrega sal, jugo de limón, agua y aceite, mezcla durante 1 minuto hasta que quede suave, luego vierte la mezcla en un tazón y reserva hasta que se requiera.

3. Para preparar las albóndigas de garbanzo, toma un sartén mediano, agrega 1/2 cucharadita de aceite y cuando esté caliente agrega la cebolla y el ajo y cocina por 4 minutos hasta que se ablanden.
4. Coloca las nueces en un procesador de alimentos, mezcla durante 1 minuto hasta que estén molidas, agrega la mezcla de cebolla junto con los ingredientes restantes para las albóndigas, excepto el pan rallado, y luego mezcla durante 2 minutos hasta que se combinen.
5. Transfiere la mezcla de garbanzos a un tazón, agrega el pan rallado, revuelve hasta que se mezcle y luego enfría la mezcla durante 10 minutos.
6. Mientras tanto, precalienta el horno a 425°F.
7. Después de 10 minutos, forma bolitas con la mezcla de garbanzos, de aproximadamente 1 1/2 pulgada de grosor, colóquelas en una bandeja para hornear forrada con papel pergamino y hornea por 25 minutos hasta que estén doradas.
8. Mientras tanto, toma una olla mediana hasta la mitad con agua, colócala a fuego medio, hierve, agrega los espaguetis, cocina de 7 a 10 minutos hasta que estén tiernos y, cuando esté listo, escurre los espaguetis y reserva hasta que se requiera.
9. Cuando las albóndigas se hayan cocido, transfiérelas al tazón que contiene pesto y revuelve hasta que estén bien cubiertas.
10. Distribuye la pasta entre platos, cubre con las albóndigas de garbanzo, espolvorea pimienta negra molida por encima y sirve.

Nutrición:
- Calorías: 636
- Grasa: 21,8 g
- Grasa saturada: 2 g
- Carbohidratos: 88 g
- Fibra: 14 g
- Azucares: 9 g
- Proteína: 24 g

Guiso de garbanzos, quínoa y espinacas

Porciones: 3
Tiempo de preparación: 10 minutos.
Tiempo de cocción: 30 minutos.
Ingredientes:
- 1/2 taza de cebolla morada picada
- 1 cucharada de ajo picado
- 1 chile verde picado
- 2 tazas de espinaca
- 2 tomates grandes
- Trozo de jengibre de 1 pulgada
- 1/4 taza de lentejas rojas
- 1 1/2 tazas de garbanzos cocidos
- 1/4 taza de quínoa
- 1 cucharadita de sal
- 1/4 de cucharadita de canela en polvo
- 1 cucharadita de garam masala
- 1/4 cucharadita de pimienta negra molida
- 1/2 cucharadita de comino en polvo
- 1/4 de cucharadita de cardamomo en polvo
- 1/2 cucharadita de azúcar de coco
- 2 cucharadas de anacardos picados
- 1 cucharadita de aceite de oliva
- 2 tazas de agua

Instrucciones:
1. Toma una olla grande, colócala a fuego medio, agrega el aceite y cuando esté caliente, agrega la cebolla y el chile y cocina por 5 minutos.
2. Mientras tanto, coloca las espinacas y los tomates en un procesador de alimentos, agrega el jengibre, el ajo y la pimienta negra, vierte 1/2 taza de agua y mezcla durante 2 minutos hasta que quede suave.
3. Agrega todas las especias, revuelve bien, cocina por 1 minuto, vierte el puré de tomate, agrega los garbanzos, las lentejas y la quínoa, sazona con sal y azúcar, vierte el agua restante, revuelve hasta que se mezcle y cocina por 20 minutos hasta que esté completamente cocido.
4. Luego agrega el anacardo, prueba el guiso para ajustar el condimento y cocina por 3 minutos.
5. Sirve de inmediato.

Nutrición:
- Calorías: 423
- Grasa: 9 g
- Grasa saturada: 1 g

- Carbohidratos: 66 g
- Fibra: 18 g
- Azucares: 10 g
- Proteína: 21

Tallarines de tofu soba

Porciones: 4
Tiempo de preparación: 10 minutos.
Tiempo de cocción: 10 minutos.
Ingredientes:
- 1 libra de fideos soba, cocidos
- 14 onzas de tofu, firme, en cubos
- 2 cebollas verdes, en rodajas finas
- 2 tazas de repollo rallado
- 1/2 cucharadita de ajo picado
- 1 cucharadita de jengibre rallado
- 1 cucharadita de ajonjolí
- 2 cucharaditas de azúcar morena
- 1/4 taza de vinagre de arroz
- 1 cucharada de aceite de sésamo
- 2 cucharadas de salsa de soja
- 1 cucharada de aceite de oliva
- 2 cucharadas de maní triturado, para servir
- 2 cucharadas de Sriracha, para servir

Instrucciones:
1. Para preparar la salsa, toma un tazón mediano, agrega el aceite de sésamo y las semillas junto con el azúcar, el vinagre y la salsa de soja y bate hasta que se combinen.
2. Toma un sartén grande, colócalo a fuego medio-alto, agrega aceite y cuando esté caliente, agrega los trozos de tofu y cocina por 5 minutos hasta que se doren.
3. Transfiere los trozos de tofu a un plato, agrega el repollo, el jengibre y el ajo, revuelve hasta que se mezclen y luego cocina por 2 minutos hasta que estén tiernos.
4. Luego, toma un tazón grande, coloca los fideos soba cocidos en él, rocía con la salsa, agrega el repollo cocido, la cebolla verde y los trozos de tofu y mezcla hasta que se unan.
5. Adorna los fideos con maní y salsa Sriracha y luego sirve.

Nutrición:
- Calorías: 383,5
- Grasa: 12 g
- Grasa saturada: 5,7 g
- Carbohidratos: 53 g
- Fibra: 5 g
- Azucares: 2 g
- Proteína: 18,7 g

Tacos de Coliflor de Búfalo

Porciones: 4
Tiempo de preparación: 10 minutos.
Tiempo de cocción: 30 minutos.
Ingredientes:
Para los tacos de coliflor de búfalo:
- 1 taza de harina para todo uso
- 1 taza de leche de almendras sin azúcar
- 1/4 de cucharadita de ajo en polvo
- 1/4 cucharadita de sal
- 1/4 cucharadita de pimienta negra molida
- 5 tazas de floretes de coliflor
- 3/4 taza de salsa picante
- 2 tazas de repollo rallado
- 1 taza de cilantro picado
- 8 tortillas de maíz

Para la crema de aguacate:
- 2 aguacates medianos, sin centro
- 1/2 cucharadita de sal
- 1/2 cucharadita de ajo picado
- 2 cucharadas de jugo de lima
- 1/4 taza de crema agria vegana
- 1/4 taza de agua

Instrucciones:
1. Para preparar la coliflor precalienta el horno a 450°F.
2. Mientras tanto, toma un tazón mediano, agrega la harina junto con el ajo en polvo, la pimienta negra y la sal, vierte la leche y mezcla hasta que quede suave.
3. Sumerge cada florete de coliflor en la mezcla de harina hasta que esté uniformemente cubierto, colócalos en una bandeja para hornear forrada con papel pergamino y luego hornea por 20 minutos hasta que estén dorados y crujientes.
4. Cuando esté listo, toma un tazón grande, coloca la salsa picante en él, agrega los floretes de coliflor asados, mezcla hasta que estén cubiertos, regresa los floretes al horno y continúa horneando durante 10 minutos hasta que estén glaseados.
5. Mientras tanto, prepara la crema de aguacate y para ello coloca todos los ingredientes en un procesador de alimentos y luego mezcla por 2 minutos hasta que quede suave.
6. Distribuye los floretes de coliflor entre tortillas, cubre con repollo y cilantro, rocía con crema de aguacate preparada y luego sirve.

Nutrición:
- Calorías: 508
- Grasa: 17,7 g
- Grasa saturada: 3 g

- Carbohidratos: 76,2 g
- Fibra: 10,8 g
- Azucares: 9,1 g
- Proteína: 15,5 g

Filetes de tofu con ensalada

Porciones: 4
Tiempo de preparación: 1 hora y 10 minutos.
Tiempo de cocción: 6 minutos.
Ingredientes:
Para el tofu:
- 2 chalotes verdes picados
- 20 onzas de tofu, firme,
- 1/2 cucharadita de jengibre rallado
- 1/2 cucharadita de ajo picado
- 2 cucharadas de salsa de soja
- 1 cucharadita de pasta de wasabi
- 2 cucharaditas de semillas de sésamo

Para la ensalada:
- 1/4 de taza de brotes de guisantes de nieve sin extremos recortados
- 1 manojo de rúcula, hojas cortadas en trozos pequeños
- 5 chalotas verdes, cortadas en tiras
- 1 hoja de nori, cortada por la mitad, triturada transversalmente
- 1/2 cucharadita de ajo picado
- 1 cucharadita de azúcar en polvo
- 1/4 de cucharadita de pimienta negra molida
- 1 cucharada de vinagre blanco
- 1/4 de cucharadita de pasta de wasabi
- 2 cucharaditas de salsa de soja

Instrucciones:
1. Para preparar el tofu corta el tofu en rodajas de 1/2 pulgada de grosor y luego colócalas en un bol grande.
2. Toma un tazón pequeño, coloque las chalotas en él, agrega las semillas de sésamo, las chalotas, el jengibre, el ajo, la salsa de soja y el wasabi y revuelve hasta que esté bien mezclado.
3. Rocía esta mezcla sobre las rodajas de tofu, luego dale vuelta hasta que esté bien cubierto y deje marinar por un mínimo de 1 hora a temperatura ambiente.
4. Mientras tanto, prepara la ensalada, toma un tazón grande, agrega chalotes, brotes, cohetes y hojas de nori y reserva hasta que se requiera.
5. Para preparar el aderezo, toma un tazón pequeño, agrega ajo, wasabi, pimienta negra, azúcar, salsa de soja y vinagre, mezcla hasta que se combinen y reserva hasta que se requiera.
6. Cuando el tofu esté marinado, toma un sartén grande, colócalo a fuego medio, coloca las rodajas de tofu y cocina por 3 minutos por lado hasta que esté dorado.
7. Transfiere los trozos de tofu a un plato, cubre con la ensalada preparada, luego rocía con el aderezo y sirve.

Nutrición:

- Calorías: 198
- Grasa: 6,5 g
- Grasa saturada: 1 g
- Carbohidratos: 19 g
- Fibra: 6 g
- Azucares: 3 g
- Proteína: 12 g

Lasaña de espinacas y ricotta

Porciones: 6
Tiempo de preparación: 10 minutos.
Tiempo de cocción: 50 minutos.
Ingredientes:
Para el relleno de ricotta:
- 18 onzas de tofu, extra firme, prensado, en cubos
- 5 dientes de ajo pelados
- 2 limones, en jugo
- 1/4 de cucharadita de pimienta negra molida
- 1/2 cucharadita de sal
- 1/4 de cucharadita de nuez moscada
- 1 cucharada de mostaza
- 2 cucharadas de aceite de oliva

Para la salsa:
- 1/4 de taza de harina para todo uso
- 1/2 cucharadita de sal
- 1/4 taza de mantequilla de almendras
- 3 tazas de leche de soja

Para la salsa de tomate:
- 3/4 taza de puré de tomate
- 18 onzas de espinacas congeladas, descongeladas y escurridas
- 1/4 de cucharadita de pimienta negra molida
- 1/3 cucharadita de sal
- 2 cucharaditas de orégano seco
- 8.8 onzas de hojas de lasaña

Instrucciones:
1. Para preparar el relleno de ricotta coloca todos los ingredientes en un procesador de alimentos excepto los trozos de tofu y luego mezcla durante 2 minutos hasta que quede suave.
2. Agrega los trozos de tofu, continúa licuando durante 1 minuto hasta que quede suave, pon el relleno en un tazón mediano y reserva hasta que se requiera.
3. Para preparar la salsa, toma una cacerola pequeña, colócala a fuego medio, agrega la mantequilla y la harina y cocina por 5 minutos hasta que la pasta espesa se una, revolviendo continuamente.
4. Luego agrega la sal y la leche, cocina por 2 minutos hasta que la salsa espese y reserva hasta que se requiera.
5. Para preparar la salsa de tomate, toma un tazón mediano, agrega el puré de tomate, sazona con pimienta negra, sal y orégano, revuelve hasta que se mezcle y reserva hasta que se requiera.
6. Para ensamblar la lasaña, toma una bandeja para hornear, cubre los fondos con unas láminas de lasaña, cubre con un poco de espinaca, relleno de ricotta, salsa y

salsa de tomate y continúa creando más capas, cubriendo la capa superior con tomate.
7. Hornea la lasaña durante 40 minutos hasta que esté bien cocida, luego córtala en gajos y sírvela.

Nutrición:
- Calorías: 300
- Grasa: 12 g
- Grasa saturada: 6 g
- Carbohidratos: 26 g
- Fibra: 3 g
- Azucares: 6 g
- Proteína: 24 g

Pan de lentejas

Porciones: 8
Tiempo de preparación: 15 minutos.
Tiempo de cocción: 1 hora y 30 minutos.
Ingredientes:
Para el pan:
- 3/4 taza de avena
- 1 taza de lentejas marrones
- 1/2 taza de avena molida
- 3 cucharadas de semillas de linaza molidas
- 1 tallo de apio, cortado en cubitos
- 1 cebolla blanca pequeña, pelada y cortada en cubitos
- 1 zanahoria rallada
- 1 cucharada de ajo picado
- 1 pimentón rojo pequeño, cortado en cubitos
- 1/2 cucharadita de sal marina
- 1/2 cucharadita de cebolla en polvo
- 1/2 cucharadita de ajo en polvo
- 1/2 cucharadita de chile chipotle molido
- 1/2 cucharadita de pimienta negra molida
- 1/2 cucharadita de comino
- 1 cucharadita de tomillo seco
- 2 1/2 tazas de caldo de verduras
- 2 cucharadas de aceite de oliva
- 1/3 taza de agua

Para el glaseado:
- 1 cucharada de jarabe de arce
- 1 cucharada de vinagre balsámico
- 3 cucharadas de salsa de tomate

Instrucciones:
1. Para cocinar las lentejas toma una olla grande, colócala a fuego medio-alto, agrega las lentejas, vierte 2 1/2 tazas de agua y déjala hervir.
2. Cambia el fuego a nivel medio-bajo y luego cocina a fuego lento durante 40 minutos hasta que estén tiernos, cubriendo la olla.
3. Cuando esté listo, retira la tapa de la olla, luego retira la olla del fuego y deja reposar las lentejas durante 15 minutos.
4. Mientras tanto, precalienta el horno a 350°F.
5. Toma un tazón pequeño, coloca la linaza en él, agrega agua y deja la mezcla durante 10 minutos hasta que espese.
6. Para cocinar las verduras toma un sartén mediano, colócalo a fuego medio, agrega la cebolla, el ajo, el apio, la zanahoria y el pimentón y luego cocina por 5

minutos. Agrega todas las especias, revuelve hasta que esté bien mezclado, cocina por 1 minuto y luego retira el sartén del fuego.
7. Cuando las lentejas se hayan enfriado, usa un tenedor para triturarlas hasta que se rompan, agrega las verduras cocidas, la avena, los huevos de linaza, la harina de avena, la sal, la pimienta negra y revuelve bien hasta que se combinen.
8. Toma un molde para pan, cúbrelo con papel pergamino y luego vierte la mezcla de pan preparada, presionando el relleno en el molde.
9. Para preparar el glaseado, toma un bol pequeño, coloca todos los ingredientes en él y revuelve hasta que se combinen.
10. Extiende el glaseado sobre la parte superior del pan, luego hornea durante 45 minutos hasta que esté cocido y, cuando esté listo, deja que el pan se enfríe durante 10 minutos.
11. Saque el pan del molde, córtalo en ocho rebanadas y luego sirve.

Nutrición:
- Calorías: 259
- Grasa: 2 g
- Grasa saturada: 0,6 g
- Carbohidratos: 46 g
- Fibra: 8 g
- Azucares: 5,4 g
- Proteína: 11,3 g

Seitán mongoliano

Porciones: 6
Tiempo de preparación: 10 minutos.
Tiempo de cocción: 20 minutos.
Ingredientes:

Para la salsa:
- 1 cucharada de ajo picado
- 1/2 cucharadita de jengibre rallado
- 1/2 taza y 2 cucharadas de azúcar de coco
- 1/3 cucharadita de hojuelas de pimiento rojo
- 1/3 cucharadita de cinco especias chinas
- 2 cucharaditas de maicena
- 2 cucharaditas de aceite de oliva
- 1/2 taza de salsa de soja
- 2 cucharadas de agua fría

Para el Seitán:
- 1 libra de seitán, troceado de 1 pulgada
- 1 1/2 cucharada de aceite de oliva

Para servir:
- 2 cebollín, en rodajas
- 2 cucharaditas de semillas de sésamo tostadas

Instrucciones:
1. Para preparar la salsa, toma una cacerola pequeña, colócala a fuego medio, agrega el aceite y cuando esté caliente agrega el jengibre y el ajo y cocina por 30 segundos hasta que esté fragante.
2. Agrega hojuelas de pimiento rojo y las cinco especias, continúa cocinando durante 30 segundos, agrega el azúcar y la salsa de soja, luego cambia el fuego a nivel medio-bajo y cocina a fuego lento durante 7 minutos hasta que el azúcar se haya disuelto y la salsa se haya reducido ligeramente.
3. Mientras tanto, para preparar el seitán, toma un sartén grande, colócalo a fuego medio-alto, agrega el aceite y cuando esté caliente agrega los trozos de seitán y cocina por 5 minutos hasta que estén dorados y los bordes se hayan vuelto crujientes.
4. Mezcla la maicena y el agua, agrega a la cacerola, revuelve hasta que se combinen y luego cocina por 3 minutos hasta que la salsa se espese un poco.
5. Cambia el fuego al nivel bajo, agrega los trozos de seitán, revuelve hasta que esté bien cubierto y cocina por 2 minutos hasta que esté caliente.
6. Espolvorea el seitán con semillas de sésamo y cebollín y luego sirve con arroz cocido.

Nutrición:
- Calorías: 324
- Grasa: 8 g

- Grasa saturada: 1 g
- Carbohidratos: 33 g
- Fibra: 3 g
- Azúcares: 19 g
- Proteína: 29 g

Bolas de frijoles negros y quinua con fideos de calabacín

Porciones: 4
Tiempo de preparación: 15 minutos.
Tiempo de cocción: 40 minutos.
Ingredientes:
- 4 calabacines

Para las bolas:
- 12 onzas de frijoles negros cocidos
- ½ taza de quinua
- ¼ taza de harina de avena
- ¼ taza de semillas de sésamo
- 1 ½ cucharada de albahaca picada
- 1 cucharadita de ajo en polvo
- 2 cucharadas de levadura nutricional
- ½ cucharadita de pimienta negra molida
- 1 cucharadita de sal
- ½ cucharada de Sriracha
- 2 cucharadas de pasta de tomate

Para la salsa de tomate:
- ½ taza de albahaca
- ½ taza de tomates secos
- 1 diente de ajo pelado
- ½ taza de tomates cherry en mitades
- 2 cucharadas de levadura nutricional
- ½ cucharadita de pimienta negra molida
- 2/3 cucharadita de sal
- 1 cucharadita de orégano
- 2 cucharadas de piñones tostados
- 1 cucharada de vinagre de sidra de manzana

Servir:
- ½ taza de tomates cherry en mitades
- ½ taza de albahaca picada

Instrucciones:
1. Prepara las bolas y para ello toma una olla mediana, colócala a fuego medio, vierte 1 taza de agua, agrega la quinua y cocina por 15 minutos hasta que esté cocida.
2. Mientras tanto, toma un tazón grande, agrega frijoles negros, tritúralos con un tenedor, agrega los ingredientes restantes para las bolas y revuelve hasta que se combinen.
3. Enciende el horno, luego ajústalo a 400°F y déjalo precalentar.

4. Cuando la quinua esté cocida, escurre, deja enfriar por 5 minutos, luego agrega al recipiente que contiene la mezcla de frijoles negros y mezcla bien hasta que se incorpore y se forme la masa.
5. Forma bolas con la masa, aproximadamente veintidós, colócalas en una bandeja para hornear forrada con papel de hornear y luego hornea durante 35 a 40 minutos hasta que estén doradas por todos lados y crujientes.
6. Prepara la salsa de tomate, y para ello coloca todos sus ingredientes en un procesador de alimentos y pulsa durante 2 minutos hasta que quede suave.
7. Prepara los fideos de calabacín y para ello, haz espirales y coloca los fideos en un bol grande.
8. Agrega salsa de tomate a los fideos de calabacín, mezcla hasta que se mezclen y luego distribuye entre los platos para servir.
9. Cubre los fideos de manera uniforme con bolas horneadas y luego sirve.

Nutrición:
- Calorías: 269,2
- Grasa: 8 g
- Grasa saturada: 1,2 g
- Carbohidratos: 10 g
- Fibra: 10,8 g de
- Azúcares: 4,4 g
- Proteína: 13,2 g

Albóndigas De Lentejas

Porciones: 6
Tiempo de preparación: 10 minutos.
Tiempo de cocción: 30 minutos.
Ingredientes:
Para las bolas:
- 1 ½ tazas de lentejas verdes, cocidas
- 1 chalota picada
- 1 cucharada de ajo picado
- 1 cucharada de harina de linaza
- ¼ taza de perejil picado
- 1 cucharada de pan rallado integral
- 1/3 cucharadita de pimienta negra molida
- 1 ½ cucharada de condimento italiano
- 1 cucharadita de sal
- 2 cucharadas y 1 cucharadita de aceite de oliva, divididas
- 1 cucharada de pasta de tomate
- 1/3 taza de queso parmesano vegano rallado
- 2 ½ cucharadas de agua

Servir:
- 16 onzas de espaguetis cocidos, de trigo integral

Instrucciones:
1. Toma un tazón pequeño, coloca la harina de linaza en él, luego agrega agua y deja reposar la mezcla durante 5 minutos hasta que espese.
2. Enciende el horno, luego ajústalo a 375°F y déjalo precalentar.
3. Mientras tanto, toma una sartén grande, colócala a fuego medio, agrega 1 cucharada de aceite y cuando esté caliente, agrega la chalota y el ajo y cocina por 3 minutos hasta que se doren.
4. Transfiere la mezcla de chalota a un procesador de alimentos, agrega los ingredientes restantes, incluida la mezcla de linaza, y presiona durante 2 minutos hasta que se combinen.
5. Forma bolitas con la mezcla, colócalas en una bandeja para hornear forrada con papel pergamino, rocía aceite sobre las bolitas y luego hornea por 15 minutos hasta que estén cocidas y doradas.
6. Sirve las albóndigas sobre los espaguetis cocidos.

Nutrición:
- Calorías: 176
- Grasa: 6 g
- Grasa saturada: 0 g
- Carbohidratos: 20 g
- Fibra: 2 g

- Azúcares: 0 g
- Proteína: 8 g

Tofu Ahumado con Lentejas Puy

Porciones: 4
Tiempo de preparación: 5 minutos.
Tiempo de cocción: 10 minutos.
Ingredientes:
- 18 onzas de lentejas puy cocidas
- 8 onzas de tofu ahumado, cortado en cubitos
- 1 calabacín grande, cortado en cubitos
- 2 cebollas moradas, peladas y picadas
- 2 pimientos rojos asados medianos, en rodajas
- ½ taza de guisantes congelados
- 1 cucharadita de pimentón ahumado
- 3 cucharadas de vinagre balsámico
- 2 cucharadas de aceite de oliva

Instrucciones:
1. Toma una sartén grande, colócala a fuego medio, agrega el aceite y cuando esté caliente, agrega los trozos de tofu y el calabacín, espolvorea con pimentón y cocina por 4 minutos hasta que el calabacín se ablande.
2. Mientras tanto, toma un tazón mediano, coloca las lentejas, agrega la cebolla y el pimiento rojo y mezcla hasta que se integren.
3. Agrega vinagre al tofu, cocina por 2 minutos hasta que se reduzca un poco, luego vierte la mezcla de tofu y calabacín sobre las lentejas y mezcla hasta que esté integrado.
4. Sirve de inmediato.

Nutrición:
- Calorías: 300
- Grasa: 6 g
- Grasa saturada: 1 g
- Carbohidratos: 38 g
- Fibra: 12 g
- Azúcares: 8 g
- Proteína: 24 g

Lasaña de lentejas

Porciones: 4
Tiempo de preparación: 15 minutos.
Tiempo de cocción: 1 hora y 15 minutos.
Ingredientes:

- 2 coliflores medianas, cortadas en florete
- 28 onzas de lentejas cocidas
- 1 rama de apio picado
- 1 cebolla blanca mediana, pelada y picada
- 1 zanahoria, pelada y picada
- 1 cucharadita de ajo picado
- 1 cucharadita de sal
- ½ cucharadita de pimienta negra molida
- 1 cucharadita de orégano picado
- ¼ de cucharadita de nuez moscada
- 1 cucharada de harina de maíz
- 1 cucharada de aceite de oliva
- 14 onzas de tomate picado
- 1 cucharadita de salsa de tomate con champiñones
- 2 cucharadas de leche de soja sin azúcar
- 1 taza de caldo de verduras
- 9 láminas de lasaña, sin huevo

Instrucciones:

1. Toma una sartén grande, colócala a fuego medio, agrega el aceite y cuando esté caliente, agrega la cebolla, la zanahoria y el apio y cocina por 10 minutos hasta que se ablanden.
2. Agrega el ajo, continúa cocinando durante 2 minutos, agrega las lentejas, espolvorea con harina de maíz y revuelve hasta que se combinen.
3. Agrega los tomates, la pimienta negra, la sal, el orégano y la salsa de tomate, vierte el caldo, revuelve hasta que se mezclen y cocina a fuego lento durante 15 minutos.
4. Mientras tanto, toma una olla mediana hasta la mitad con agua, colócala a fuego medio, déjala hervir, agrega los floretes de coliflor y cocina por 10 minutos hasta que estén tiernos.
5. Escurre los floretes, transfiérelos a un procesador de alimentos, agrega la nuez moscada, vierte la leche y pulsa durante 2 minutos hasta que quede suave.
6. Enciende el horno, luego ajústalo a 350°F y déjalo precalentar.
7. Mientras tanto, arma la lasaña y para esto, toma una bandeja para hornear de 8 por 12 pulgadas, esparce un tercio de la mezcla de lentejas en su fondo, cubre las lentejas con unas capas de lasaña y luego cubre con un tercio del puré de coliflor.
8. Crea más capas de la misma manera con el puré restante de lentejas, lasaña y coliflor, luego cubre la bandeja para hornear con papel de aluminio y hornea por 45 minutos.

9. Después de 45 minutos, destapa la bandeja para hornear y continúa horneando la lasaña durante 10 minutos hasta que la parte superior se dore.
10. Corta la lasaña en trozos y sírvela.

Nutrición:
- Calorías: 378
- Grasa: 6 g
- Grasa saturada: 1 g
- Carbohidratos 63 g
- Fibra: 10 g
- Azúcares: 11 g
- Proteína: 19 g

Aperitivos

Granola de mantequilla de maní y dátiles

Tiempo de preparación: 1 hora.
Porciones: 8
Ingredientes:
- 3 tazas de copos de avena
- 2 tazas de dátiles, sin hueso y picados
- 1 taza de coco desmenuzado o rallado
- 1/2 taza de germen de trigo
- 1/4 taza de leche de soja en polvo
- 1/2 taza de almendras picadas
- 3/4 taza de miel colada
- 1/2 taza de mantequilla de almendras (simple, sin sal) ablandada
- 1/4 taza de mantequilla de maní ablandada

Instrucciones:
1. Precalienta el horno a 300°F.
2. Agrega todos los ingredientes en un procesador de alimentos y presiona hasta que se combinen.
3. Extiende la mezcla de manera uniforme en un molde para hornear engrasado de 10x15 pulgadas.
4. Hornea de 45 a 55 minutos.
5. Revuelve la mezcla varias veces durante el horneado.
6. Retira del horno y deja enfriar completamente.
7. Almacena en un frasco de vidrio tapado.

Plátanos caramelizados al horno

Tiempo de preparación: 30 minutos.
Porciones: 4
Ingredientes:
- 4 plátanos medianos, pelados y en rodajas
- 2 cucharadas de jugo de naranja natural
- 4 cucharadas de azúcar morena o al gusto
- 1 cucharada de ralladura de naranja
- 4 cucharadas de mantequilla de coco derretida

Instrucciones:
1. Precaliente el horno a 360°F/180°C.
2. Coloca las rodajas de plátano en un plato resistente al calor.
3. Vierte el jugo de naranja sobre los plátanos y luego espolvorea con azúcar morena y ralladura de naranja.
4. Derrite la mantequilla de coco y vierte uniformemente sobre los plátanos.
5. Cubre con papel aluminio y hornea de 15 a 17 minutos.
6. Sirve caliente o frío con miel o sirope de arce.

Caramelos Proteicos "Raffaello"

Tiempo de preparación: 15 minutos.
Porciones: 12
Ingredientes:
- 1 1/2 tazas de hojuelas de coco disecadas
- 1/2 taza de mantequilla de coco ablandada
- 4 cucharadas de leche de coco enlatada
- 4 cucharadas de azúcar de palma de coco (o azúcar granulada)
- 1 cucharadita de extracto puro de vainilla
- 1 cucharada de proteína vegana en polvo (guisante o soja)
- 15 almendras enteras

Instrucciones:
1. Pon 1 taza de hojuelas de coco disecadas y todos los ingredientes restantes en la licuadora (excepto las almendras) y mezcla hasta que estén suaves.
2. Si tu masa es demasiado espesa, agrega un poco de leche de coco.
3. En un tazón, agrega las hojuelas de coco restantes.
4. Cubre cada almendra en una cucharada de mezcla y forma una bola.
5. Enrolla cada bola en hojuelas de coco.
6. Deja enfriar en el refrigerador durante varias horas.

Bol de calabaza rico en proteínas

Tiempo de preparación: 10 minutos.
Porciones: 2
Ingredientes:
- 1 1/2 tazas de leche de almendras (más o menos dependiendo de la consistencia deseada)
- 1 taza de puré de calabaza enlatado, con sal
- 1/2 taza de nueces picadas
- 1 cucharada de proteína de soja vegana en polvo
- 1 cucharadita de extracto puro de vainilla
- Un puñado de semillas de cacao

Instrucciones:
1. Agrega todos los ingredientes en una licuadora menos las semillas de cacao.
2. Mezcla hasta que esté suave.
3. Sirve en tazones y espolvorea con semillas de cacao.

Bolas de ajo y patata rojas saladas

Tiempo de preparación: 40 minutos.
Porciones: 4
Ingredientes:
- 1 1/2 libras de papas rojas
- 3 dientes de ajo finamente picados
- 1 cucharada de perejil fresco picado finamente
- 1/4 cucharadita de cúrcuma molida
- Sal y pimienta molida al gusto

Instrucciones:
1. Enjuaga las papas y colócalas sin pelar en una olla grande.
2. Vierte agua para cubrir las papas y deja hervir.
3. Cocina durante unos 20 a 25 minutos a fuego medio.
4. Enjuaga las papas y déjelas enfriar.
5. Pela las patatas y tritúralas; agrega el ajo finamente picado, la sal y la pimienta.
6. Forma bolitas con la mezcla de patatas.
7. Espolvorea con perejil picado y refrigera por varias horas.
8. Sirve.

Dip picante de lentejas rojas suaves

Tiempo de preparación: 35 minutos.
Porciones: 4
Ingredientes:
- 1 taza de lentejas rojas
- 1 hoja de laurel
- Sal marina al gusto
- 2 dientes de ajo finamente picados
- 2 cucharadas de hojas de cilantro picadas
- 1 cucharada de pasta de tomate
- Jugo de limón de 2 limones, recién exprimido
- 2 cucharaditas de comino molido
- 4 cucharadas de aceite de oliva extra virgen

Instrucciones:
1. Enjuaga las lentejas y escurre.
2. Combina las lentejas y la hoja de laurel en una cacerola mediana.
3. Vierte suficiente agua para cubrir las lentejas por completo y deja hervir.
4. Cubre bien, reduce el fuego a medio y cocina a fuego lento durante unos 20 minutos.
5. Sazona la sal al gusto y revuelve bien. Nota: Siempre sazona con sal después de cocinar: si se agrega sal antes, las lentejas se endurecerán.
6. Escurre las lentejas en un colador. Desecha la hoja de laurel y dejar enfriar las lentejas durante 10 minutos.
7. Transfiere las lentejas a un procesador de alimentos y agrega todos los ingredientes restantes.
8. Pulsa hasta que todos los ingredientes se combinen bien.
9. Prueba y ajusta los condimentos si es necesario.
10. Transfiere la salsa de lentejas a un recipiente de vidrio y refrigera al menos 2 horas antes de servir.

Empanadas veganas de berenjena

Tiempo de preparación: 30 minutos.
Porciones: 6
Ingredientes:
- 2 berenjenas grandes
- 1 cebolla finamente picada
- 1 cucharada de dientes de ajo machacados
- 1 manojo de perejil crudo picado
- 1/2 taza de harina de almendras
- 4 cucharadas de aceitunas Kalamata, sin hueso y en rodajas
- 1 cucharada de bicarbonato de sodio
- Sal y pimienta molida al gusto
- Aceite de oliva o aceite de aguacate, para freír

Instrucciones:
1. Pela las berenjenas, enjuágalas y córtalas por la mitad.
2. Saltea los cubos de berenjena en una sartén antiadherente, revolviendo ocasionalmente, unos 10 minutos.
3. Transfiere a un tazón grande y tritura con una licuadora de inmersión.
4. Agrega el puré de berenjena en un tazón y agrega todos los ingredientes restantes (excepto el aceite).
5. Amasa la mezcla con las manos hasta que quede suave, pegajosa y fácil de moldear.
6. Forma 6 hamburguesas con la mezcla.
7. Calienta el aceite de oliva en una sartén a fuego medio-alto.
8. Fríe las hamburguesas durante unos 3 a 4 minutos por lado.
9. Retira las hamburguesas en una bandeja forrada con papel de cocina para escurrir.
10. Sirve caliente.

Plátanos caramelizados al horno

Tiempo de preparación: 30 minutos.
Porciones: 4
Ingredientes:
- 4 plátanos medianos, pelados y en rodajas
- 2 cucharadas de jugo de naranja natural
- 4 cucharadas de azúcar morena o al gusto
- 1 cucharada de ralladura de naranja
- 4 cucharadas de mantequilla de coco derretida

Instrucciones:
7. Precaliente el horno a 360°F/180°C.
8. Coloca las rodajas de plátano en un plato resistente al calor.
9. Vierte el jugo de naranja sobre los plátanos y luego espolvorea con azúcar morena y ralladura de naranja.
10. Derrite la mantequilla de coco y vierte uniformemente sobre los plátanos.
11. Cubre con papel aluminio y hornea de 15 a 17 minutos.
12. Sirve caliente o frío con miel o sirope de arce.

Dip picante de lentejas rojas suaves

Tiempo de preparación: 35 minutos.
Porciones: 4
Ingredientes:
- 1 taza de lentejas rojas
- 1 hoja de laurel
- Sal marina al gusto
- 2 dientes de ajo finamente picados
- 2 cucharadas de hojas de cilantro picadas
- 1 cucharada de pasta de tomate
- Jugo de limón de 2 limones, recién exprimido
- 2 cucharaditas de comino molido
- 4 cucharadas de aceite de oliva extra virgen

Instrucciones:
11. Enjuaga las lentejas y escurre.
12. Combina las lentejas y la hoja de laurel en una cacerola mediana.
13. Vierte suficiente agua para cubrir las lentejas por completo y deja hervir.
14. Cubre bien, reduce el fuego a medio y cocina a fuego lento durante unos 20 minutos.
15. Sazona la sal al gusto y revuelve bien. Nota: Siempre sazona con sal después de cocinar: si se agrega sal antes, las lentejas se endurecerán.
16. Escurre las lentejas en un colador. Desecha la hoja de laurel y dejar enfriar las lentejas durante 10 minutos.
17. Transfiere las lentejas a un procesador de alimentos y agrega todos los ingredientes restantes.
18. Pulsa hasta que todos los ingredientes se combinen bien.
19. Prueba y ajusta los condimentos si es necesario.
20. Transfiere la salsa de lentejas a un recipiente de vidrio y refrigera al menos 2 horas antes de servir.

Empanadas veganas de berenjena

Tiempo de preparación: 30 minutos.
Porciones: 6
Ingredientes:
- 2 berenjenas grandes
- 1 cebolla finamente picada
- 1 cucharada de dientes de ajo machacados
- 1 manojo de perejil crudo picado
- 1/2 taza de harina de almendras
- 4 cucharadas de aceitunas Kalamata, sin hueso y en rodajas
- 1 cucharada de bicarbonato de sodio
- Sal y pimienta molida al gusto
- Aceite de oliva o aceite de aguacate, para freír

Instrucciones:
11. Pela las berenjenas, enjuágalas y córtalas por la mitad.
12. Saltea los cubos de berenjena en una sartén antiadherente, revolviendo ocasionalmente, unos 10 minutos.
13. Transfiere a un tazón grande y tritura con una licuadora de inmersión.
14. Agrega el puré de berenjena en un tazón y agrega todos los ingredientes restantes (excepto el aceite).
15. Amasa la mezcla con las manos hasta que quede suave, pegajosa y fácil de moldear.
16. Forma 6 hamburguesas con la mezcla.
17. Calienta el aceite de oliva en una sartén a fuego medio-alto.
18. Fríe las hamburguesas durante unos 3 a 4 minutos por lado.
19. Retira las hamburguesas en una bandeja forrada con papel de cocina para escurrir.
20. Sirve caliente.

Recetas de pasta

Lo Mein

Porciones: 4
Ingredientes:
- 2 paquetes de fideos de algas marinas
- 2 tazas de espinaca congelada, picada
- 1 taza de edamame sin cáscara
- ½ taza de zanahorias cortadas en juliana
- ½ taza de champiñones en rodajas

Para la salsa:
- 4 cucharadas de tamari o salsa de soja
- 1 cucharadita de jengibre molido
- ½ cucharadita de salsa Sriracha
- 2 cucharadas de aceite de sésamo
- 1 cucharadita de ajo en polvo

Instrucciones:
1. Remoja los fideos de algas marinas en un recipiente con agua durante un tiempo. Escurre y reserva.

Para hacer la salsa:

2. Coloca una cacerola a fuego medio-bajo. Agrega todos los ingredientes para la salsa en la cacerola y calienta. Revuelve con frecuencia.
3. Agrega los fideos y mezcle bien. Espolvorea un poco de agua si lo deseas para que la mezcla no quede muy seca.
4. Cocina hasta que los fideos estén blandos. Retíralo del calor. Déjalo reposar en la sartén unos minutos. A estas alturas, el líquido de la sartén se habría secado.
5. Divide en tazones y sirve.

Consejo: puede agregar las verduras que desees. Por lo general, también agrego algunas judías verdes y guisantes.

Nutrición:
- Calorías: 139
- Grasas: 8,6 g
- Carbohidratos: 9,4 g
- Fibra: 4,5 g
- Proteínas: 7,8 g

Fideos de sésamo con tofu al horno

Porciones: 8
Ingredientes:
- 16 onzas de fideos de trigo sarraceno
- 4 cebolletas picadas
- 4 cucharaditas de jengibre picado
- 2 cucharadas de ajo picado
- 2 cucharaditas de azúcar morena
- 4 cucharadas de salsa hoisin
- 4 tazas de floretes de brócoli pequeños
- 6 cucharadas de maní tostado
- 6 cucharadas de aceite de sésamo oscuro tostado
- 4 cucharadas de salsa de soja baja en sodio
- 16 onzas de tofu, en cubos, horneado
- 2 tazas de pimiento morrón amarillo o naranja en rodajas

Instrucciones:
1. Sigue las instrucciones del paquete y cocina la pasta.
2. Coloca una cacerola a fuego medio. Agrega aceite, jengibre, ajo, cebolletas y azúcar morena. Cuando el aceite esté bien caliente, apaga el fuego.
3. Agrega la salsa de soja y la salsa hoisin. Transfiere a un tazón grande.
4. Agrega el resto de los ingredientes, incluida la pasta, y mezcla bien.
5. Sirve.

Consejo: puede encontrar otra receta de fideos de sésamo en mi otro libro: Recetas de preparación de comidas a base de plantas.

Valores nutricionales por ración: 1 ¾ tazas
- Calorías: 458
- Grasas: 18 g
- Carbohidratos: 60 g
- Fibra: 7 g
- Proteínas: 18 g

Gnocchi de garbanzos, espinacas y calabaza

Porciones: 8
Ingredientes:
- 2 libras de ñoquis congelados o no perecederos
- 4 tazas de calabaza moscada en rodajas finas (peladas)
- 4 dientes de ajo picados
- 4 cucharadas de grosellas
- ½ cucharadita de pimienta recién molida
- 2 latas (15 onzas cada una) de garbanzos, enjuagados y escurridos
- 3 cucharadas de aceite de oliva extra virgen
- 1 taza de chalotas en rodajas
- 2 latas (14 onzas cada una) de caldo de verduras
- 2 cucharadas de salvia fresca picada o 2 cucharaditas de salvia seca untada
- 16 tazas de espinaca fresca picada en trozos grandes
- 4 cucharadas de vinagre balsámico
- Sal al gusto
- Pimienta al gusto

Instrucciones:
1. Sigue las instrucciones del paquete y cocina los ñoquis, si los usas congelados. Si lo usas de forma estable, no es necesario que cocines los ñoquis.
2. Coloca una sartén antiadherente grande a fuego medio. Agrega 2 cucharadas de aceite. Cuando el aceite esté caliente, agrega los ñoquis y saltea hasta que estén ligeramente dorados. Retira en un bol.
3. Agrega 1 cucharada de aceite. Cuando el aceite esté caliente, agrega la chalota, la calabaza y el ajo y saltea por un par de minutos.
4. Agrega grosellas, caldo, salvia y pimienta. Cuando empiece a hervir, baja el fuego y cocina hasta que las verduras estén tiernas.
5. Agrega las espinacas, la sal, los ñoquis y los garbanzos. Cocina hasta que la espinaca se marchite. Rocía vinagre balsámico encima y sirve.

Consejo: si te gusta el queso, espolvorea un poco de queso parmesano vegano y sirve.

Valores nutricionales por ración: 1 ½ tazas
- Calorías: 485
- Grasas: 6 g
- Carbohidratos: 92 g
- Fibra: 9 g
- Proteínas: 15 g

Fideos dan dan con seitán, hongos shiitake y repollo napa

Porciones: 3
Ingredientes:
- 6 onzas de fideos de trigo sarraceno
- 2 cebolletas, blancas, finamente picadas y verdes picadas en trozos grandes
- 1.5 onzas de repollo Napa, en rodajas
- 1 ½ cucharada de aceite de cacahuete o aceite de canola, cantidad dividida
- ¼ de cucharadita de pimiento rojo triturado
- ¼ taza de caldo de verduras bajo en sodio
- 1 cucharada de salsa de soja oscura
- 1 cucharada de salsa de soja
- ½ cucharadita de azúcar sin refinar
- 3 cucharadas de anacardos tostados secos, picados en trozos grandes
- 4 onzas de seitán empacado en agua
- 1.5 onzas de hongos shiitake frescos, descartar los tallos, rebanados
- ¾ cucharada de jengibre picado
- ¾ cucharada de ajo picado
- 1/8 cucharadita de granos de pimienta de Sichuan tostados y molidos o pimienta común
- 2 cucharadas de pasta de sésamo chino
- 1 cucharadita de aceite de chile picante

Instrucciones:
1. Sigue las instrucciones del paquete y cocina la pasta.
2. Seca el seitán dándole palmaditas con una toalla seca. Corta en tiras de ½ pulgada.
3. Agrega el repollo, las claras de cebolletas y los champiñones en un bol. Mezcla bien y reserva.
4. Coloca un wok o una sartén de hierro fundido a fuego medio-alto. Agrega ½ cucharada de tierra. Cuando el aceite esté caliente, agrega el seitán y cocina hasta que esté ligeramente crujiente. Retirar en un plato.
5. Agrega el aceite restante y baja el fuego a medio, el jengibre, el ajo y el pimiento rojo triturado y saltea por unos segundos hasta que esté aromático.
6. Agrega la mezcla de repollo y cocina por un par de minutos hasta que el repollo se marchite.
7. Agrega el seitán y la pimienta y mezcla bien. Apaga el fuego.
8. Agrega los fideos y mezcla bien. Divide en tazones para servir.
9. Coloca una cacerola pequeña a fuego medio-alto. Agrega el caldo, la salsa de soja, el aceite de chile, el azúcar, la salsa de soja oscura y la pasta de sésamo y revuelve hasta que el azúcar se disuelva por completo y la mezcla esté caliente. Apaga el fuego.
10. Rocía la salsa encima y sirve.

Consejo: puedes sustituir la pasta de sésamo chino por tahini.

Nutrición:
- Calorías: 460
- Grasas: 19 g
- Carbohidratos: 56 g
- Fibra: 6 g
- Proteínas: 21 g

Yakisoba vegetariano

Porciones: 2
Ingredientes:
- 4 onzas de fideos soba
- ½ cucharada de salsa Worcestershire vegana
- ¼ de cucharada de azúcar sin refinar
- ¾ cucharada de aceite vegetal
- 1 diente de ajo, pelado y picado
- 1 zanahoria, pelada y cortada en juliana
- 2 cebolletas, picadas
- 2 cucharadas de salsa de soja
- 1 cucharadita de sambal oelek o pasta de chile picante
- 1 cucharadita de aceite de sésamo
- 1 cebolla pequeña, pelada y en rodajas
- ¼ de repollo, sin corazón, rallado
- ½ cucharada de semillas de sésamo tostadas

Instrucciones:
1. Sigue las instrucciones del paquete y cocina los fideos.
2. Mezcla la salsa de soja, la salsa Worcestershire, la pasta de chile y el azúcar y el aceite de sésamo en un tazón pequeño.
3. Coloca una sartén o wok a fuego medio. Agrega aceite vegetal y caliéntalo.
4. Cuando el aceite esté caliente, agrega las cebollas, el ajo, las zanahorias y el repollo. Saltea durante 3–5 minutos,
5. Agrega los fideos soba y la mezcla de salsa de soja. Mezcla y calienta bien.
6. Para servir, decora con semillas de sésamo y cebolletas.

Nutrición:
- Calorías: 325.5
- Grasas: 8 g
- Carbohidratos: 57.4 g
- Fibra: 3.8 g
- Proteínas: 12.2 g

Pasta con salsa de crema de champiñones

Porciones: 4
Ingredientes:
- 4 cucharadas de margarina vegana, dividida
- 2 dientes de ajo pelados y picados
- 2 1/2 tazas de leche de soja o de almendras, sin azúcar
- Jugo de un limón
- Pimienta recién molida al gusto
- Sal al gusto
- 24 onzas de champiñones de Tu elección, en rodajas
- 2 cucharadas de harina
- 2 cucharadas de perejil fresco picado + extra para decorar
- 20 onzas de pasta cocida (linguini o fettuccini)
- Hojuelas de pimiento rojo al gusto (opcional)

Instrucciones:
1. Coloca un sartén de fondo grueso a fuego medio. Agrega 2 cucharadas de margarina. Cuando se derrita, agrega los champiñones y el ajo y saltea hasta que estén suaves. Transfiere a un tazón y reserva.
2. Vuelve a colocar el sartén sobre el fuego. Agrega la margarina restante. Cuando se derrita, agrega la harina y revuelve constantemente durante aproximadamente un minuto.
3. Vierte la leche que estás usando, batiendo simultáneamente. Sigue revolviendo hasta que espese.
4. Agrega los champiñones, el jugo de limón, el perejil, la sal y la pimienta y calienta durante 3-4 minutos. Apaga el fuego.
5. Divide la pasta en 4 platos. Divide la salsa y viértela sobre la pasta.
6. Espolvorea perejil y hojuelas de pimiento rojo si lo deseas. Sirve caliente.
7. Consejo: esta salsa también se puede servir con filetes de coliflor, tofu o con un poco de carne vegana.

Nutrición:
- Calorías: 998
- Grasas: 17 g
- Carbohidratos: 179 g
- Fibra: 14 g
- Proteínas: 34 g

Pasta penne con frijoles negros y verduras

Porciones: 3
Ingredientes:
- 5 onzas de pasta penne cruda
- 1/2 taza de zanahorias en rodajas
- 1/4 de taza de pimentón verde o rojo en rodajas finas
- 1/4 de taza de champiñones frescos en rodajas
- 1/2 taza de calabacín en rodajas
- 2 dientes de ajo pequeños, picados
- 1/2 cebolla pequeña, en rodajas finas
- 1/2 cucharada de albahaca fresca picada o 2 cucharaditas de albahaca seca
- 1/2 cucharada de orégano fresco picado o 2 cucharaditas de orégano seco
- 1/2 cucharada de tomillo fresco picado o 2 cucharaditas de tomillo seco
- 1/2 cucharada de perejil fresco picado
- 1 cucharada de aceite de oliva, dividida
- 1/3 taza de tomates picados
- 1/2 lata (de una lata de 15 onzas) de frijoles negros, escurridos
- 3 cucharadas de queso parmesano vegano
- Sal al gusto
- Pimienta al gusto

Instrucciones:
1. Sigue las Instrucciones en el paquete y cocina la pasta.
2. Mientras tanto, coloca un sartén a fuego medio. Agrega la mitad del aceite.
3. Cuando el aceite esté caliente, agrega la cebolla y saltea hasta que esté transparente.
4. Agrega el resto de las verduras, la pasta, la sal, las hierbas secas y los frijoles. Mezcla bien.
5. Agrega los tomates y mezcla bien.
6. Rocía el aceite restante y mezcla bien.
7. Adorna con perejil y queso vegano y sirve.

Nutrición:
- Calorías: 315
- Grasas: 8 g
- Carbohidratos: 50 g
- Fibra: 7 g
- Proteínas: 13 g

Pasta penne con tofu

Porciones: 10
Ingredientes:
Para el tofu:
- 4 bloques cuadrados de tofu, escurrido, exprimido del exceso de humedad, desmenuzado en trozos pequeños
- 2 cucharaditas de comino molido
- 2 cucharaditas de ajo en polvo
- 3 cucharadas de aceite
- 1 taza de salsa de soja
- 1/2 cucharadita de pimienta
- 3 cucharaditas de chile en polvo

Para pasta:
- 2 cucharadas de aceite de canola
- 6 dientes de ajo, prensados
- 8 cucharaditas de pimentón o al gusto
- 8 cucharaditas de ajo en polvo
- Pimienta de cayena al gusto
- 1 taza de agua
- 12 tazas de caldo de verduras
- 10 tazas de pasta penne seca
- 2 cebollas grandes, cortadas en cubitos
- 8 cucharaditas de orégano seco
- 8 cucharaditas de perejil seco
- 2 cucharaditas de sal o al gusto
- 1/2 taza de levadura nutricional
- 6 tazas de leche vegetal de tu elección, sin azúcar
- 2 latas de salsa de tomate
- 3 tazas de guisantes congelados

Para adornar: Opcional
- Queso parmesano vegano
- Hojuelas de pimienta roja
- Perejil fresco picado

Instrucciones:
1. Agrega la salsa de soja, la pimienta, el comino, el chile en polvo, el aceite y el ajo en polvo en un tazón mediano. Bate hasta que esté bien combinado.
2. Agrega el tofu. Deja que el tofu esté bien cubierto con la mezcla.
3. Cubre una bandeja para hornear grande con papel pergamino. Transfiere el tofu a la bandeja para hornear. Extiéndelo uniformemente.
4. Hornea en un horno precalentado a 400°F durante 35-45 minutos o hasta que esté firme. Tendrá una textura similar a la de la carne. Revuelve un par de veces mientras horneas.
5. Retira del horno y deja enfriar.
6. Mientras tanto, coloca un horno holandés grande a fuego medio. Agrega el aceite. Cuando el aceite esté caliente, agrega la cebolla y saltea hasta que esté transparente.
7. Agrega el ajo y cocina hasta que esté aromático.
8. Agrega las especias, hierbas, sal, levadura nutricional, caldo, leche y salsa de tomate y mezcla bien.
9. Cuando comience a hervir, agrega la pasta penne y cocina hasta que esté al dente. Revuelve con frecuencia.
10. Apaga el fuego. Agrega los guisantes y el tofu y revuelve. Déjalo reposar durante 10 minutos.
11. Adorna con los ingredientes sugeridos y sirve.

Nutrición:
- Calorías: 459
- Grasas: 13 g
- Carbohidratos: 70 g
- Fibra: NA g
- Proteínas: 18 g

Linguini con guacamole

Porciones: 4

Ingredientes:
- 8.1 onzas de linguini de trigo integral
- 2 aguacates, pelados, sin centro y en puré
- 1/2 taza de cilantro fresco picado
- 2 chiles rojos pequeños, sin semillas, finamente picados
- Jugo de 2 limones
- Ralladura de 2 limas ralladas
- 4 tomates maduros grandes, finamente picados
- 2 cebollas rojas, finamente picadas
- Sal al gusto

Instrucciones:
1. Sigue las instrucciones del paquete y cocina la pasta.
2. Mientras tanto, agrega el resto de los ingredientes en un tazón grande y revuelve.
3. Agrega la pasta y mezcla bien.
4. Sirve tibio o a temperatura ambiente. También sabe muy bien cuando está frío. Personalmente, prefiero frío.

Nutrición:
- Calorías: 450
- Grasas: 20 g
- Carbohidratos: 49 g
- Fibra: 13 g
- Proteínas: 11 g

Recetas de postres

Barras de pan de banana y nueces

Porciones: 9 barras
Tiempo de preparación: 5 minutos.
Tiempo de cocción: 30 minutos.
Ingredientes:
- Spray antiadherente para cocinar (opcional)
- 2 bananas maduras grandes
- 1 cucharada de jarabe de arce
- 1/2 cucharadita de extracto de vainilla
- 2 tazas de hojuelas de avena a la antigua
- 1/2 cucharaditas de sal
- 1/4 de taza de nueces picadas

Instrucciones:
1. Precalienta el horno a 350°F. Cubre ligeramente un molde para hornear de 9 por 9 pulgadas con aceite en aerosol antiadherente (si lo usas) o cúbrelo con papel pergamino para hornear sin aceite.
2. En un tazón mediano, haz puré las bananas con un tenedor. Agrega el jarabe de arce y el extracto de vainilla y mezcla bien. Agrega la avena, la sal y las nueces, mezclando bien.
3. Transfiere la masa a la bandeja para hornear y hornea durante 25 a 30 minutos, hasta que la parte superior esté crujiente. Deja enfriar completamente antes de cortar en 9 barras. Transfiere a un recipiente de almacenamiento hermético o una bolsa de plástico grande.

Nutrición: (1 barra)
- Calorías: 73
- Grasa: 1 g
- Proteína: 2 g
- Carbohidratos: 15 g
- Fibra: 2 g
- Azúcar: 5 g
- Sodio: 129 mg

Rollos de limón, coco y cilantro

Porciones: 16 piezas
Tiempo de preparación: 30 minutos • tiempo de enfriamiento: 30 minutos
Ingredientes:
- 1/2 taza de cilantro fresco picado
- 1 taza de brotes (trébol, alfalfa)
- 1 diente de ajo, prensado
- 2 cucharadas de nueces de Brasil molidas o almendras
- 2 cucharadas de coco desmenuzado
- 1 cucharada de aceite de coco
- Pizca de pimienta de cayena
- 1 pizca de sal marina
- 1 pizca de pimienta negra recién molida
- Ralladura y jugo de 1 limón
- 2 cucharadas de linaza molida
- 1 a 2 cucharadas de agua
- 2 envolturas de trigo integral o envolturas de maíz

Instrucciones:
1. Pon todo menos las envolturas en un procesador de alimentos y mezcla para combinar. O combina los ingredientes en un tazón grande. Agrega el agua, si es necesario, para ayudar a que la mezcla se una.
2. Extiende la mezcla sobre cada envoltura, enróllala y colócala en el refrigerador durante 30 minutos para que cuaje.
3. Saca los panecillos de la nevera y córtalos en 8 trozos para servir como aperitivo o acompañar con una sopa o guiso.
4. Obtén el mejor sabor comprando nueces de Brasil o almendras crudas enteras, tostándolas ligeramente en un sartén seco o en un horno tostador y luego moliéndolas en un molinillo de café.

Nutrición: (1 pieza)
- Calorías: 66
- Grasa total: 4 g
- Carbohidratos: 6 g
- Fibra: 1 g
- Proteína: 2 g

Bocados de tacos tempeh

Porciones: 3 docenas
Tiempo de preparación: 5 minutos.
Tiempo de cocción: 45 minutos.
Ingredientes:
- 8 onzas de tempeh
- 3 cucharadas de salsa de soja
- 2 cucharaditas de comino molido
- 1 cucharadita de chile en polvo
- 1 cucharadita de orégano seco
- 1 cucharada de aceite de oliva
- 1/2 taza de cebolla finamente picada
- 2 dientes de ajo picados
- Sal y pimienta negra recién molida
- 2 cucharadas de pasta de tomate
- 1 chile chipotle en adobo, finamente picado
- 1/4 de taza de agua caliente o caldo de verduras, hecho en casa o comprado en la tienda, y más si es necesario
- 36 tazas de hojaldre, descongeladas
- 1/2 taza de guacamole básico, hecho en casa o comprado en la tienda
- 18 tomates cherry maduros, cortados por la mitad

Instrucciones:
1. En una cacerola mediana con agua hirviendo, cocina el tempeh durante 30 minutos. Escurre bien, luego pica finamente y colócalos en un bol. Agrega la salsa de soja, el comino, el chile en polvo y el orégano. Mezcla bien y deja reposar.
2. En un sartén mediano, calienta el aceite a fuego medio. Agrega la cebolla, tapa y cocina por 5 minutos. Agrega el ajo, luego agrega la mezcla de tempeh y cocina, revolviendo, durante 2 a 3 minutos. Sazona con sal y pimienta al gusto. Deja de lado.
3. En un tazón pequeño, combina la pasta de tomate, el chipotle y el agua caliente o el caldo. Vuelve a calentar la mezcla de tempeh y revuelve la mezcla de tomate y chile y cocina durante 10 a 15 minutos, revolviendo ocasionalmente, hasta que se absorba el líquido.
4. La mezcla debe estar bastante seca, pero si comienza a pegarse al sartén, agrega un poco más de agua caliente, 1 cucharada a la vez. Prueba, ajustando los condimentos si es necesario. Retira del fuego.
5. Para servir, llena las copas filo hasta la parte superior con el relleno de tempeh, usando aproximadamente 2 cucharaditas de relleno en cada una. Cubre con una cucharada de guacamole y la mitad de un tomate cherry y sirve.

Tomates cherry rellenos

Porciones: 6
Tiempo de preparación: 15 minutos.
Tiempo de cocción: 0 minutos
Ingredientes:
- 2 pintas de tomates cherry, sin la parte superior ni el centro
- 2 aguacates, machacados
- Jugo de 1 limón
- 1/2 pimentón rojo, picado
- 4 cebollas verdes (partes blancas y verdes), finamente picadas
- 1 cucharada de estragón fresco picado
- Pizca de sal marina

Instrucciones:
1. Coloca los tomates cherry con el lado abierto hacia arriba en una bandeja.
2. En un tazón pequeño combina el aguacate, el jugo de limón, el pimentón rojo, las cebollas, el estragón y la sal.
3. Agita hasta que esté bien combinado. Vierte en los tomates cherry y sirve inmediatamente.

Tostadas de queso de anacardo y pimentón rojo asado

Porciones: 16 a 24 tostadas
Tiempo de preparación: 15 minutos.
Tiempo de cocción: 0 minutos.
Ingredientes:
- 2 pimentones rojos asados en frasco
- 1 taza de anacardos sin sal
- 1/4 taza de agua
- 1 cucharada de salsa de soja
- 2 cucharadas de cebollas verdes picadas
- 1/4 taza de levadura nutricional
- 2 cucharadas de vinagre balsámico
- 2 cucharadas de aceite de oliva

Instrucciones:
1. Usa cortadores de galletas o canapés para cortar el pan en las formas deseadas de aproximadamente 2 pulgadas de ancho. Si no tienes un cortador, usa un cuchillo para cortar el pan en cuadrados, triángulos o rectángulos. Debes obtener de 2 a 4 piezas de cada rebanada de pan. Tuesta el pan y deja enfriar.
2. Pica 1 pimentón rojo en trozos grandes y reserva. Corta el pimentón restante en tiras finas o formas decorativas y reserva para decorar.
3. En una licuadora o procesador de alimentos, muele los anacardos hasta obtener un polvo fino. Agrega el agua y la salsa de soja y procesa hasta que quede suave. Agrega el pimentón rojo picado y hazlo puré. Agrega las cebollas verdes, la levadura nutricional, el vinagre y el aceite y procesa hasta que quede suave y bien mezclado.
4. Unta una cucharada de la mezcla de pimentón sobre cada uno de los trozos de pan tostado y cubre decorativamente con las tiras de pimentón reservadas. Sirve en una bandeja.

Papas fritas al horno

Porciones: 4
Tiempo de preparación: 10 minutos.
Tiempo de cocción: 30 minutos.
Ingredientes:

- 1 papa rojiza grande
- 1 cucharadita de pimentón
- 1/2 cucharadita de sal de ajo
- 1/4 de cucharadita de azúcar vegana
- 1/4 de cucharadita de cebolla en polvo
- 1/4 de cucharadita de chipotle en polvo o chile en polvo
- 1/8 cucharadita de sal
- 1/8 Cucharadita de mostaza molida
- 1/8 Cucharadita de pimienta de cayena molida
- 1 cucharadita de aceite de canola
- 1/8 Cucharadita de humo líquido

Instrucciones:

1. Lava y pela la papa. Corta en rodajas finas de 1/10 de pulgada (una cortadora de mandolina o la cuchilla cortadora en un procesador de alimentos es útil para rodajas de tamaño uniforme).
2. Llena un recipiente grande con suficiente agua muy fría para cubrir la papa. Transfiere las rodajas de papa al tazón y déjalas en remojo durante 20 minutos.
3. Precalienta el horno a 400°F. Cubre una bandeja para hornear con papel pergamino.
4. En un tazón pequeño, combina el pimentón, la sal de ajo, el azúcar, la cebolla en polvo, el chipotle en polvo, la sal, la mostaza y la pimienta de cayena.
5. Escurre y enjuaga las rodajas de papa y sécalas con una toalla de papel.
6. Transfiere a un tazón grande.
7. Agrega el aceite de canola, el humo líquido y la mezcla de especias al tazón. Mezcla para cubrir.
8. Transfiere las papas a la bandeja para hornear preparada.
9. Hornea por 15 minutos. Dale la vuelta a las papas fritas y hornea durante 15 minutos más, hasta que se doren. Transfiere las papas a 4 recipientes de almacenamiento o frascos de vidrio grandes.
10. Deja enfriar antes de cerrar bien las tapas.

Nutrición:

- Calorías: 89
- Grasa: 1 g
- Proteína: 2 g
- Carbohidratos: 18 g

- Fibra: 2 g
- Azúcar: 1 g
- Sodio: 65 mg

Champiñones rellenos de espinacas y nueces

Porciones: 4 a 6 porciones
Tiempo de preparación: 10 minutos.
Tiempo de cocción: 6 minutos.
Ingredientes:
- 2 cucharadas de aceite de oliva
- 8 onzas de champiñones blancos, ligeramente enjuagados, secados con palmaditas y con los tallos reservados
- 1 diente de ajo picado
- 1 taza de espinaca cocida
- 1 taza de nueces finamente picadas
- 1/2 taza de pan rallado seco sin condimentar
- Sal y pimienta negra recién molida

Instrucciones:
1. Precalienta el horno a 400°F. Engrasa ligeramente una bandeja para hornear grande y reserva. En un sartén grande, calienta el aceite a fuego medio. Agrega las tapas de champiñones y cocina durante 2 minutos para que se ablanden un poco. Retirar del sartén y reserva.
2. Pica los tallos de los champiñones y añádelos al mismo sartén. Agrega el ajo y cocina a fuego medio hasta que se ablanden, aproximadamente 2 minutos. Agrega las espinacas, las nueces, el pan rallado y sal y pimienta al gusto. Cocina por 2 minutos, revolviendo bien para combinar.
3. Llena las tapas de champiñones reservadas con la mezcla de relleno y colócalas en la bandeja para hornear. Hornea hasta que los champiñones estén tiernos y el relleno caliente, unos 10 minutos. Sirve caliente.

Salsa fresca

Porciones: 4
Tiempo de preparación: 15 minutos.
Tiempo de cocción: 0 minutos.
Ingredientes:
- 3 tomates reliquia grandes u otros tomates frescos, picados
- 1/2 cebolla morada, finamente picada
- 1/2 manojo de cilantro picado
- 2 dientes de ajo picados
- 1 jalapeño, picado
- Jugo de 1 lima o 1 cucharada de jugo de lima preparado
- 1/4 de taza de aceite de oliva
- Sal marina
- Tortillas fritas integrales, para servir

Instrucciones:
1. En un tazón pequeño, combina los tomates, la cebolla, el cilantro, el ajo, el jalapeño, el jugo de limón y el aceite de oliva y mezcla bien. Deja reposar a temperatura ambiente durante 15 minutos. Sazona con sal.
2. Sirve con tortillas.
3. La salsa se puede almacenar en un recipiente hermético en el refrigerador hasta por 1 semana.

Guacamole

Porciones: 2
Tiempo de preparación: 10 minutos.
Tiempo de cocción: 0 minutos.
Ingredientes:
- 2 aguacates maduros
- 2 dientes de ajo, prensados
- Ralladura y jugo de 1 lima
- 1 cucharadita de comino molido
- 1 pizca de sal marina
- 1 pizca de pimienta negra recién molida
- Pizca de pimienta de cayena (opcional)

Instrucciones:
1. Tritura los aguacates en un tazón grande. Agrega el resto de los ingredientes y revuelve para combinar.
2. Intenta agregar tomates cortados en cubitos (las cerezas son divinas), cebollín, cilantro o albahaca fresca picada, limón en lugar de lima, pimentón o lo que creas que tenga buen sabor.

Nutrición: (1 taza)
- Calorías: 258
- Grasa total: 22 g
- Carbohidratos: 18 g
- Fibra: 11 g
- Proteína: 4g

Rollos asiáticos de lechuga

Porciones: 4
Tiempo de preparación: 15 minutos.
Tiempo de cocción: 5 minutos.
Ingredientes:
- 2 onzas de fideos de arroz
- 2 cucharadas de albahaca tailandesa picada
- 2 cucharadas de cilantro picado
- 1 diente de ajo picado
- 1 cucharada de jengibre fresco picado
- Jugo de 1/2 lima, o 2 cucharaditas de jugo de lima preparado
- 2 cucharadas de salsa de soja
- 1 pepino cortado en juliana
- 2 zanahorias, peladas y cortadas en juliana
- 8 hojas de lechuga mantequilla

Instrucciones:
1. Cocina los fideos de arroz de acuerdo con las instrucciones del paquete.
2. En un tazón pequeño, mezcla la albahaca, el cilantro, el ajo, el jengibre, el jugo de limón y la salsa de soja.
3. Mezcla con los fideos cocidos, el pepino y las zanahorias.
4. Divide la mezcla uniformemente entre las hojas de lechuga y enrolla.
5. Asegura con un palillo y sirve inmediatamente.

Pie de lima

Tiempo de preparación: 3 horas y 15 minutos.
Tiempo de cocción: 0 minutos
Porciones: 12
Ingredientes:
Para la corteza:
- ¾ taza de hojuelas de coco, sin azúcar
- 1 taza de dátiles, remojados en agua tibia durante 10 minutos en agua, escurridos

Para el relleno:
- ¾ taza de pulpa de coco
- 1 ½ aguacate, pelado y sin hueso
- 2 cucharadas de jugo de lima
- ¼ de taza de agave

Instrucciones:
1. Prepara la base y para ello coloca todos sus ingredientes en un procesador de alimentos y pulsa de 3 a 5 minutos hasta que la pasta espesa se una.
2. Toma un molde para pie de 8 pulgadas, engrasa con aceite, vierte la mezcla de la corteza y extiende y presiona la mezcla uniformemente en el fondo y a lo largo de los lados, y congela hasta que se requiera.
3. Prepara el relleno y para ello coloca todos sus ingredientes en un procesador de alimentos y pulsa durante 2 minutos hasta que quede suave.
4. Vierte el relleno en el molde preparado, alisa la parte superior y congela durante 3 horas hasta que cuaje.
5. Corta el pastel en rodajas y luego sirve.

Nutrición:
- Calorías: 213
- Grasas: 10 g
- Carbohidratos: 29 g
- Proteínas: 1200 g
- Fibra: 6 g

Pie de saltamontes de chocolate y menta

Tiempo de preparación: 4 horas y 15 minutos.
Tiempo de cocción: 0 minutos
Porciones: 4
Ingredientes:
Para la corteza:
- 1 taza de dátiles, remojados en agua tibia durante 10 minutos en agua, escurridos
- 1/8 cucharadita de sal
- 1/2 taza de nueces
- 1 cucharadita de canela
- 1/2 taza de nueces

Para el llenado:
- ½ taza de hojas de menta
- 2 tazas de anacardos, remojados en agua tibia durante 10 minutos en agua, escurridos
- 2 cucharadas de aceite de coco
- 1/4 taza y 2 cucharadas de agave
- 1/4 cucharadita de espirulina
- 1/4 taza de agua

Instrucciones:
1. Prepara la base y para ello coloca todos sus ingredientes en un procesador de alimentos y pulsa de 3 a 5 minutos hasta que la pasta espesa se una.
2. Toma un molde desmontable de 6 pulgadas, engrasa con aceite, coloca la mezcla de la corteza y extiende y presione la mezcla uniformemente en el fondo y a lo largo de los lados, y congela hasta que se requiera.
3. Prepara el relleno y para ello coloca todos sus ingredientes en un procesador de alimentos y pulsa durante 2 minutos hasta que quede suave.
4. Vierte el relleno en el molde preparado, alisa la parte superior y congela durante 4 horas hasta que cuaje.
5. Corta el pastel en rodajas y luego sirve.

Nutrición:
- Calorías: 223,7
- Grasas: 7,5 g
- Carbohidratos: 36 g
- Proteínas: 2,5 g
- Fibra: 1 g

Barritas energéticas de mantequilla de maní

Tiempo de preparación: 5 horas y 15 minutos.
Tiempo de cocción: 5 minutos.
Porciones: 16
Ingredientes:

- 1/2 taza de arándanos
- 12 dátiles Medjool, sin hueso
- 1 taza de almendra tostada
- 1 cucharada de semillas de chía
- 1 1/2 tazas de avena
- 1/8 cucharadita de sal
- 1/4 taza y 1 cucharada de néctar de agave
- 1/2 cucharadita de extracto de vainilla sin azúcar
- 1/3 taza y 1 cucharada de mantequilla de maní, sin sal
- 2 cucharadas de agua

Instrucciones:

1. Coloca las almendras en un procesador de alimentos, pulsa hasta que estén trituradas y luego transfiérelas a un tazón grande.
2. Agrega los dátiles en el procesador de alimentos junto con la avena, vierte agua y pulsa para que los dátiles estén picados.
3. Agrega la mezcla de dátiles a la mezcla de almendras, agrega semillas de chía y bayas y revuelve hasta que se mezclen.
4. Toma una cacerola, colócala a fuego medio, agrega la mantequilla restante y los ingredientes restantes, revuelve y cocina por 5 minutos hasta que la mezcla alcance una consistencia líquida.
5. Vierte la mezcla de mantequilla sobre la mezcla de dátiles y luego revuelve hasta que esté bien combinado.
6. Toma una bandeja para hornear de 8 por 8 pulgadas, cúbrela con una hoja de pergamino, agrega la mezcla de dátiles, extiende y presiona uniformemente y refrigera durante 5 horas.
7. Corta en dieciséis barras y sírvelas.

Nutrición:

- Calorías: 187
- Grasas: 7,5 g
- Carbohidratos: 27,2 g
- Proteínas: 4,7 g
- Fibra: 2 g

Paletas de brownie de frijoles negros

Tiempo de preparación: 45 minutos.
Tiempo de cocción: 2 minutos.
Porciones: 12
Ingredientes:
- 3/4 taza de chispas de chocolate
- 15 onzas de frijoles negros cocidos
- 1 cucharada de sirope de arce
- 5 cucharadas de cacao en polvo
- 1/8 cucharadita de sal marina
- 2 cucharadas de mantequilla de semillas de girasol

Instrucciones:
1. Coloca los frijoles negros en un procesador de alimentos, agrega los ingredientes restantes, excepto el chocolate, y presiona durante 2 minutos hasta que se combinen y la masa comience a unirse.
2. Forma doce bolas con la masa, colócalas en una bandeja para hornear forrada con papel pergamino, luego inserta un palillo en cada bola y refrigera durante 20 minutos.
3. Luego, calienta el chocolate en el microondas durante 2 minutos y sumerge las paletas de brownie hasta que estén cubiertas.
4. Regresa las paletas al refrigerador por 10 minutos hasta que estén listas y luego sirve.

Nutrición:
- Calorías: 130
- Grasas: 6 g
- Carbohidratos: 17 g
- Proteína: 4 g
- Fibra: 1 g

Tarta de limón y anacardos

Tiempo de preparación: 3 horas y 15 minutos.
Tiempo de cocción: 0 minutos
Porciones: 12
Ingredientes:
Para la corteza:
- 1 taza de almendras
- 4 dátiles, sin hueso, remojados en agua tibia durante 10 minutos en agua, escurridos
- 1/8 cucharadita de sal cristalina
- 1 cucharadita de extracto de vainilla sin azúcar

Para la Crema:
- 1 taza de anacardos, remojados en agua tibia durante 10 minutos en agua, escurridos
- 1/4 taza de agua
- 1/4 taza de néctar de coco
- 1 cucharadita de aceite de coco
- 1 cucharadita de extracto de vainilla sin azúcar
- Jugo de 1 limón
- 1/8 cucharadita de sal cristalina

Para la cobertura:
- Coco rallado según sea necesario

Instrucciones:
1. Prepara la crema y para ello coloca todos sus ingredientes en un procesador de alimentos, pulsa por 2 minutos hasta que quede suave y luego refrigera por 1 hora.
2. Luego prepara la costra, y para ello coloca todos sus ingredientes en un procesador de alimentos y pulsa de 3 a 5 minutos hasta que la pasta espesa se junte.
3. Toma una bandeja para tartas, engrasa con aceite, coloca la mezcla de la corteza en ella y extiende y presiona la mezcla uniformemente en el fondo y a lo largo de los lados, y congela hasta que se requiera.
4. Vierte el relleno en la tarta preparada, alisa la parte superior y refrigera por 2 horas hasta que cuaje.
5. Corta la tarta en rodajas y luego sirve.

Nutrición:
- Calorías: 166
- Grasas: 10 g
- Carbohidratos: 15 g
- Proteína: 5 g
- Fibra: 1 g
-

Oreos de menta

Tiempo de preparación: 2 horas.
Tiempo de cocción: 0 minutos
Porciones: 12
Ingredientes:
Para las Cookies:
- 1 taza de dátiles
- 2/3 taza de nueces de Brasil
- 3 cucharadas de algarroba en polvo
- 2/3 taza de almendras
- 1/8 cucharadita de sal marina
- 3 cucharadas de agua

Para la Crème:
- 2 cucharadas de mantequilla de almendras
- 1 taza de chips de coco
- 2 cucharadas de aceite de coco derretido
- 1 taza de coco rallado
- 3 gotas de aceite de menta
- 1/2 cucharadita de vainilla en polvo

Para el chocolate amargo:
- 3/4 taza de cacao en polvo
- 1/2 taza de pasta de dátiles
- 1/3 taza de aceite de coco derretido

Instrucciones:
1. Prepara las galletas, y para ello coloca todos sus ingredientes en un procesador de alimentos y pulsa de 3 a 5 minutos hasta que la masa se una.
2. Luego coloca la masa entre dos hojas de pergamino, enrolla la masa, luego corta veinticuatro galletas de la forma deseada y congela hasta que esté sólida.
3. Prepara la crema y para ello coloca todos sus ingredientes en un procesador de alimentos y pulsa durante 2 minutos hasta que quede suave.
4. Cuando las galletas se hayan endurecido, coloca la crema entre las galletas colocando cucharadas encima de una galleta y luego presionándola con otra galleta.
5. Congela las galletas durante 30 minutos y mientras tanto, prepara el chocolate y para ello coloca todos sus ingredientes en un bol y bate hasta que se combinen.
6. Sumerge el sándwich de galletas congeladas en chocolate, al menos dos veces, y luego congela durante otros 30 minutos hasta que el chocolate se haya endurecido.
7. Sirve de inmediato.

Nutrición:
- Calorías: 470
- Grasas: 32 g
- Carbohidratos: 51 g

- Proteína: 7 g
- Fibra: 12 g

Rebanada de brownie de caramelo

Tiempo de preparación: 4 horas.
Tiempo de cocción: 0 minutos
Porciones: 16
Ingredientes:
Para la Base:
- ¼ taza de higos secos
- 1 taza de dátiles secos
- ½ taza de cacao en polvo
- ½ taza de nueces
- ½ taza de nueces

Para la capa de caramelo:
- ¼ de cucharadita de sal marina
- 2 tazas de dátiles secos, remojados en agua durante 1 hora
- 3 cucharadas de aceite de coco
- 5 cucharadas de agua

Para la cobertura de chocolate:
- 1/3 taza de néctar de agave
- ½ taza de cacao en polvo
- ¼ de taza de aceite de coco

Instrucciones:
1. Prepara la base, y para ello coloca todos sus ingredientes en un procesador de alimentos y pulsa de 3 a 5 minutos hasta que la pasta espesa se una.
2. Toma una fuente para hornear de 8 por 8 pulgadas, engrase con aceite, coloca la mezcla de base en ella y extiende y presiona la mezcla de manera uniforme en el fondo, y congela hasta que se requiera.
3. Prepara la capa de caramelo y para ello coloca todos sus ingredientes en un procesador de alimentos y pulsa durante 2 minutos hasta que quede suave.
4. Vierte el caramelo en la bandeja para hornear preparada, alisa la parte superior y congela durante 20 minutos.
5. Luego prepara la cobertura y para ello coloca todos sus ingredientes en un procesador de alimentos, y pulsa durante 1 minuto hasta que se combinen.
6. Extiende suavemente la mezcla de chocolate sobre la capa de caramelo y luego congela durante 3 horas hasta que cuaje.
7. Sirve de inmediato.

Nutrición:
- Calorías: 128
- Grasas: 12 g
- Carbohidratos: 16 g
- Proteína: 2 g
- Fibra: 3 g

Pie de Snickers

Tiempo de preparación: 4 horas.
Tiempo de cocción: 0 minutos
Porciones: 16
Ingredientes:
Para la corteza:
- 12 dátiles Medjool, sin hueso
- 1 taza de coco seco, sin endulzar
- 5 cucharadas de cacao en polvo
- 1/2 cucharadita de sal marina
- 1 cucharadita de extracto de vainilla sin azúcar
- 1 taza de almendras

Para la capa de caramelo:
- 10 dátiles Medjool, sin hueso, remojados durante 10 minutos en agua tibia, escurridos
- 2 cucharaditas de extracto de vainilla sin azúcar
- 3 cucharaditas de aceite de coco
- 3 cucharadas de mantequilla de almendras sin sal

Para la mousse de mantequilla de maní:
- 3/4 taza de mantequilla de maní
- 2 cucharadas de sirope de arce
- 1/2 cucharadita de extracto de vainilla sin azúcar
- 1/8 cucharadita de sal marina
- 28 onzas de leche de coco, fría

Instrucciones:
1. Prepara la base y para ello coloca todos sus ingredientes en un procesador de alimentos y pulsa de 3 a 5 minutos hasta que la pasta espesa se una.
2. Toma una bandeja para hornear, cúbrela con papel pergamino, coloca la mezcla de la corteza y extiende y presiona la mezcla de manera uniforme en el fondo, y congela hasta que se requiera.
3. Prepara la capa de caramelo y para ello coloca todos sus ingredientes en un procesador de alimentos y pulsa durante 2 minutos hasta que quede suave.
4. Vierte el caramelo sobre la base preparada, alise la parte superior y congele durante 30 minutos hasta que cuaje.
5. Prepara la mousse y para esto, separa la leche de coco y su sólido, luego agrega el sólido de la leche de coco en un procesador de alimentos, agrega los ingredientes restantes y luego presiona durante 1 minuto hasta que quede suave.
6. Cubre la mousse preparada sobre la capa de caramelo y luego congela durante 3 horas hasta que cuaje.
7. Sirve de inmediato.

Nutrición:
- Calorías: 456

- Grasas: 33 g
- Carbohidratos: 37 g
- Proteínas: 8,3 g
- Fibra: 5 g

Cheesecake de chocolate doble y naranja

Tiempo de preparación: 4 horas.
Tiempo de cocción: 0 minutos
Porciones: 12
Ingredientes:
Para la Base:
- 9 dátiles Medjool, sin hueso
- 1/3 taza de nueces de Brasil
- 2 cucharadas de sirope de arce
- 1/3 taza de nueces
- 2 cucharadas de agua
- 3 cucharadas de cacao en polvo

Para la tarta de queso con chocolate:
- 1/2 taza de cacao en polvo
- 1 1/2 tazas de anacardos, remojados durante 10 minutos en agua tibia, escurridos
- 1/3 taza de aceite de coco líquido
- 1 cucharadita de extracto de vainilla sin azúcar
- 1/3 taza de jarabe de arce
- 1/3 taza de agua

Para la tarta de queso con naranja:
- 2 naranjas, en jugo
- 1/4 taza de jarabe de arce
- 1 taza de anacardos, remojados durante 10 minutos en agua tibia, escurridos
- 1 cucharadita de extracto de vainilla sin azúcar
- 2 cucharadas de manteca de coco
- 1/2 taza de aceite de coco líquido
- 2 naranjas, ralladas
- 4 gotas de aceite esencial de naranja

Para la cobertura de chocolate:
- 3 cucharadas de cacao en polvo
- 3 gotas de aceite esencial de naranja
- 2 cucharadas de aceite de coco líquido
- 3 cucharadas de sirope de arce

Instrucciones:
1. Prepara la base, y para ello coloca todos sus ingredientes en un procesador de alimentos y pulsa de 3 a 5 minutos hasta que la pasta espesa se una.
2. Toma un molde para pastel, coloca la mezcla de la corteza en él y extiende y presiona la mezcla uniformemente en el fondo, y congela hasta que se requiera.
3. Prepara el cheesecake de chocolate y para ello coloca todos sus ingredientes en un procesador de alimentos y pulsa durante 2 minutos hasta que quede suave.

4. Vierte la mezcla del cheesecake de chocolate sobre la base preparada, alisa la parte superior y congela por 20 minutos hasta que cuaje.
5. Luego prepara el cheesecake de naranja y para ello coloca todos sus ingredientes en un procesador de alimentos, y pulsa durante 2 minutos hasta que quede suave.
6. Cubre la mezcla de tarta de queso con naranja sobre la tarta de chocolate y luego congela durante 3 horas hasta que se endurezca.
7. Luego prepara la cobertura de chocolate y para esto, toma un bol, agrega todos los ingredientes y revuelve hasta que esté bien combinado.
8. Extienda la cobertura de chocolate por encima, congela el pastel durante 10 minutos hasta que la cobertura se haya endurecido y luego córtalo para servir.

Nutrición:
- Calorías: 508
- Grasas: 34,4 g
- Carbohidratos: 44 g
- Proteína: 8 g
- Fibra: 3 g

Conclusión

Una dieta basada en plantas, como una dieta vegana, ha resultado ser una dieta increíble para desarrollar músculos sin comer carne real. Además, la dieta vegana también es famosa por reducir las enfermedades crónicas en todas las personas que la siguen. Esto es muy importante para los atletas porque tienden a enfermarse con frecuencia. El atleta desarrolla altos niveles de células asesinas naturales y los neutrófilos funcionan con el tiempo, lo que los hace propensos a infecciones bacterianas y otras enfermedades. Seguir la dieta los mantiene saludables y con energía para que puedan concentrarse en sus objetivos.

A largo plazo, también podemos optar por ahorrar dinero de comprar carne y productos lácteos que generalmente tienen una vida útil más corta que los productos a base de plantas y, que a menudo, deben reponerse. Podemos ser conscientes de los conservantes y productos químicos dañinos que hemos estado introduciendo en nuestros cuerpos.

Si una persona sigue una dieta vegana bien planificada, entonces esa persona no experimentará ninguna escasez de nutrientes; de hecho, se sentirán más satisfechos. La persona que lo sigue necesita centrarse más en su ingesta nutricional que los demás, pero es posible. El atleta debe consumir suficientes carbohidratos, y eso también se cumple siguiendo una dieta vegana. Seguir una dieta vegana hará que el atleta se recupere más rápido de un entrenamiento, reduzca el estrés oxidativo del cuerpo y aumente su inmunidad, lo que lo hará enfermarse menos.

Lightning Source UK Ltd.
Milton Keynes UK
UKHW051949100621
385314UK00004B/579